成长也是一种美好

从0到1
玩转
金融短视频
直播

刘畅 蔡瑛 著

图书在版编目（CIP）数据

从0到1玩转金融短视频直播 / 刘畅，蔡瑛著. -- 北京：人民邮电出版社，2022.8
ISBN 978-7-115-59125-8

Ⅰ．①从… Ⅱ．①刘… ②蔡… Ⅲ．①金融－视频制作－网络营销 Ⅳ．①F83②F713.365.2

中国版本图书馆CIP数据核字(2022)第060283号

- ◆ 著 刘 畅 蔡 瑛
  责任编辑 刘艳静
  责任印制 周昇亮
- ◆ 人民邮电出版社出版发行　北京市丰台区成寿寺路11号
  邮编 100164　电子邮件 315@ptpress.com.cn
  网址 https://www.ptpress.com.cn
  河北京平诚乾印刷有限公司印刷
- ◆ 开本：720×960　1/16

  印张：15.5　　　　　　　　　　　2022年8月第1版

  字数：250千字　　　　　　　　　2022年8月河北第1次印刷

定　价：69.80元

读者服务热线：（010）81055522　印装质量热线：（010）81055316
反盗版热线：（010）81055315
广告经营许可证：京东市监广登字20170147号

赞 誉

作者刘畅是我回国后认识的第一批自媒体人之一。她的网名（邱莫言）从一开始便给我留下了深刻的印象，太文艺了。再接触她的人，我更感到有种熟悉的味道——后来我才知道，那是北大人特有的味道：用小慵懒包裹着极致的努力与勤奋，真诚务实里又带点文艺范儿。这两年开始接触短视频，刘畅带给我很多有意思的想法，我相信，这本书也会带给你这样的感受。我已将这本书推荐给身边做视频的小伙伴，希望他们能学习一下作者积累多年的宝贵经验，进而获益。积跬步以致千里，我十分期待在短视频里与大家共赴金融世界。

香 帅

金融学者、香帅金融工作室创始人

过去能从媒体人转型、参与金融行业游戏规则制定的人寥寥无几，恰恰是互联网使这两件事产生了交集：学会互联网表达和用户运营将成为金融零售人才的核心竞争力。当今传统金融行业急需进行两个层面的转型，其一为线上化人才的转型，其二为线上化营销管理模式的转型，很高兴有机会阅读本书，获得了许多启发。

韦洪波
济安金信企业集群轮值董事长

在高樟的朋友圈以及被投项目当中常常会看到刘畅这个名字，在我看来，她是一个穿越了媒体周期的专业人士，具备投融资和前台业务的双重背景。她的这本书会为你带来不同的视角。一方面，它可以在自媒体流变的长河中，帮助你理解短视频时代，另一方面，它立足于财经品类，解读了流量世界的真实与幻象。

范卫锋
高樟资本创始人

我是看着刘畅成长起来的，也非常高兴可以与她共同创业，一起在3年中见证功夫财经在公众号时代的精彩。如今她已在新的赛道继续做财经，我相信她的学习能力、韧劲、专业、职业精神，很高兴她能把财经新媒体的运营经验和认知通过本书传递给大家，话不多说，大家读起来吧！

王牧笛
《财经郎眼》主持人、功夫财经创始人兼CEO

我们这一辈内容人的路径交织在一起，可谓一部中国内容编年史。我和刘畅一样，都是传统媒体出身，都在互联网表达最火热的前夕一头扎进公众号的洪流，而后我们又先后进入短视频直播时代。其实，内容的底层逻辑没有变，刘畅也还是那个最真诚的财经内容观察者。用资深来形容有些偏颇，我觉得可以用"知无不言"来形容这本书的诚意。

刘　甜
无忧传媒首席战略官 / 商业化事业部总裁

做财经类短视频，毫无疑问，是一件难且正确的事情，很高兴我们坚持下来了，也很开心能有本书作者的陪伴和守护。如果你对输出有价值观的内容有执念，如果你希望你的所学所长可以受到更多人认可，如果你对怎么用短视频的形式获取精准的财经用户感兴趣，不妨翻开这本书。它介绍的不仅是术，更是道，用两个字来形容这本书就是：靠谱。

耿伟（蛋蛋）
财经自媒体蛋解创业创始人

我曾经担心自己讲的内容不够通俗，也曾经为了流量焦虑，在与本书作者交流后，我仿佛被打通任督二脉。其实做金融短视频和做企业一样，大家不用随波逐流，认真复盘自己的优势和长项，小步迭代、复制优点便能做到最好。翻开这本书并付诸实践吧，与我一起在短视频的世界里充分表达。念念不忘，必有回响。这里有知音，有企业家精神，在这里我们将共同感受经济的脉动。

子　皮
职业投资人、财经自媒体"子皮商论"主理人

推荐序一　用短视频直播为更多的同行创造价值

2022年2月的最后一天,我参加了李善友教授为期三天的课程,学习结束后,我立下了一个宏伟的志愿:成为保险业服务标准的制定者。当然,我还有一个使命:我的后半生都将致力于提升保险人的地位。

在实现这个宏愿的路上,我也在实践一件事:通过短视频和直播,在线上为保险人发声、为更多的保险人提供服务,让"叶老师工作法"逐步渗透整个行业,成为每个保险人愿意践行的服务标准。我非常庆幸自己生逢其时,赶上了短视频快速发展的时代,经过几千小时的全力投入,在本书作者刘畅的见证下,我们一起等到了远超预期的美好。

在不到两年的时间中,我的抖音账号粉丝终于在2022年1月21日突破了100万,这个数字在我国相当于一个大城市的常住人口数量。我从未想过作为一名保险代理人、理财师,我可以受到这么多人的喜欢。于我而言,做短视频直播仿佛是走进了一个全新的世界,让我可以和喜欢我的人沟通,和对理财感兴趣的人沟通,和从事同一行业的人沟通。

刘畅是一直陪伴着我的新媒体账号成长的人,我们相识于2018年,彼时她在功夫财经,我们合作出品了保险方面的知识课程,这也是当时市面上为数不多的保险类知识付费课程；后来她到字节跳动工作，又主动联系我，给了我很多账号发展方面的建议。得知她针对理财师线上展业拓客的诉求，独立搭建起金融类短视频账号的咨询和代运营业务后，我果断选择成为她的第一批合作伙伴。每个周五的晚上，除了我在厦门的团队，隔着屏幕我还能感觉到身边还有她和她的团队同在。我们在共同努力，静候下一个里程碑：我的第100场直播的圆满收官，彼时，我们将在抖音达成"双百"成就。

近两年，在新冠肺炎疫情的影响下，很多理财师小伙伴或主动或被动地选择通过短视频平台连接客户，人们越来越习惯在线上相互问候、聊事情，更多人把碎片时间用在刷抖音上。我想与大家探讨的是：一个行业的赛点也许已经到来。以保险行业为例，保险业如今早已不再使用人海战术，而是开始致力于精英展业、提升边际效能。越是精英，越要学会提升自己的服务能力、时间效能，短视频和直播就是这样的一个放大器，它们在帮助我们提升IP势能的同时，还可以帮助我们提升服务半径、提升时间效能。在未来，客户大概率上并不来自陌拜[①]或是转介绍，而是会不请自来："我在抖音上看到了你，觉得你很专业。"粉丝数量就是我们被信任的标志及专业背书，直播就是我们把方案呈递给客户的场景。越是精英，越该去做短视频。你有被放大的资本，也应该有自我展示的动力。

就在今年年初，我和畅畅再次在厦门见面，当天是周五，是我固定进行直播的日子。我是一名绩优代理人和团队管理者，那一周又正赶上公司的"开门红"活动，时间非常紧张，我忙到脚不沾地。仅从性价比的角度考虑，团队都劝我将直播任务放一放，他们认为，空两期又能怎么样呢？正犹豫的时候，我看到了畅

---

① 陌拜：一个营销术语，指不经过预约直接对陌生人进行登门拜访，是业务人员常用的一种寻找客户的方式。

畅帮忙设计的短视频对话，可谓说出了我的心声：坚持一件自己认准的事，用短视频和直播为更多的同行创造价值，这份定力本身就价值连城。这也是我想同有意做短视频直播的各位理财师朋友们说的：做短视频直播不难，坚持下去，做就对了。

当然，如果你已经走在这条路上，有位专业的朋友陪伴是幸福且快乐的。很高兴刘畅出版了这本《从0到1玩转金融短视频直播》，各位想要做财富管理类、保险规划类短视频直播的朋友不妨看一看。刘畅是成功穿越过媒体周期的专业人士，她在财经内容领域已深耕多年，每次我们聊天我都有拿手机录音的冲动，我会感觉到她不会简单地停留在解决问题的层面，而是希望授人以渔。每次对话，她都试图帮助我更好地理解流量的逻辑和内容的本质。这本书是她经验的结晶，也是一次系统性的整理。读罢，你将惊喜地发现，做账号变得不难了。一书在手，流量我有。

借着为本书作序的机会，我想发起一个号召：希望更多的保险师、理财师朋友，在掌握了这本书的内容后，和我一起着手做一件事：每周至少拍摄3条短视频、进行1次直播，每天至少在账号上和粉丝互动1次。让我们用真诚和专业，影响想要影响的人，改变身边人陈旧的理财观念，为他人创造财富价值。

相信我，如果我们能坚持投入地深耕金融短视频领域，个人、公司甚至整个行业都将迎来一个全新的未来，而我们，将成为创造这一未来的人。

叶云燕

平安保险传奇代理人、"叶云燕说理财"主理人

2022年3月13日于厦门

推荐序二 抓紧时间来做财经脱口秀吧

家人们，又到了见证历史的时刻，一路看着直男财经长大的刘阿姨——刘畅，出书啦。

为何气氛被搞得如此热烈？为何如此兴师动众？原因很简单，我们这个诞生仅两年有余的行业，终于有真正懂行的专家站出来，认认真真地为大家讲解到底该如何做金融短视频直播。

作为一名大直男，我也不兜圈子了，给各位读者一条具体的建议：抓紧时间、争分夺秒，迅速读完这本书，然后将用得上的知识标重点、画横线，花点时间开始做金融短视频直播、做财经脱口秀。

说实话，这个新行业发展得很快，抖音、快手、视频号、B站、小红书等平台每天都会有成千上万乃至上亿的泛财经知识用户，在消费着数以亿条计、数以几十亿分钟计的金融短视频流量，这在传统广电时代、门户网站时代、微博时代、微信公众号时代是无法被实现的，而现在，每个金融人、每个财经媒体人，都有可能一夜成名。

与此同时，互联网从不念旧，流量来得快去得也快。你若不抓住当下，则很可能会错失一波流量红利。如今，用户已经出现内容"审美疲劳"，加上金融短视频直播行业参与者过多，行业的内卷化程度正不断加剧，你若打算观望个半年、一年再做同样的事情，难度将会被放大十倍、百倍。

所以重要的事再说一遍，请各位抓紧时间来做金融短视频直播，就从翻开这本书开始。为什么我如此大力地推荐大家读这本书呢？这还要从本书作者说起。

刘畅是谁？她是金融短视频界的元老，指导着我们这帮新手，度过了最稚嫩、最难熬的时期。我发现所谓的金融短视频，诞生在以抖音、快手为代表的短视频平台爆发式增长的末期，当50%以上的大众习惯了通过短视频看段子、看美女、刷影视解说、看新闻资讯时，他们也开始选择看财经、法律、科技等知识科普类短视频。

直男财经和刘畅恰巧出现在了那一节点，他们见证并亲身参与了金融短视频这一内容形态的创立。金融短视频这个行业在逐渐发展壮大，具体表现如下。

第一，金融短视频开始在各个视频平台发展壮大。2019年年底为行业萌芽期，金融短视频作品集中在抖音、B站上；2020年年中，直男财经等一大批财经号在抖音平台崛起，财经短视频作品也从早期的抖音、B站，向快手、小红书、支付宝等各大平台渗透。

第二，创作者类型逐渐变得多元化。最开始多是媒体型IP、个别金融专业IP、前互联网从业者出来讲。截至目前，从泛财经到股票再到商业管理，来自券商、保险、银行、公募私募等各行、各业、各职业的人才都开始创作。

第三，作品的内容形态在不断地推陈出新。直男财经最先创造出"财经知识与脱口秀段子相结合"这一内容形式，到了后期，各种形象类型、演艺风格的作品都被创造出来，令人眼花缭乱。这些作品也大大提升了金融短视频赛道的内容水准，让原本枯燥无聊的财经知识变得好玩、有趣、有用。

第四，商业化动作逐步成熟。财经达人的先天优势就是离钱近，创作者可以通过品牌广告、私域流量、知识付费等形式变现，更专业的创作者还可以进行直播带货。总之，不管你是自谋生路还是跟着公司组团作战，只要合规合法，赚钱的方法有很多。

这一行业经过2年多的发展，如今风华正茂。只要创作者找对了方法，试错的成本就会很低，投入产出比数据也会比较好看。

过去这2年，是谁在试错呢？有很多人，比如直男财经和刘畅。

在过去2年中，直男财经一路打怪升级、百般试错，上过刀山也下过油锅，其间还在行业中获得了一个"卷王之王"的称号，终于做出现在这般规模，单抖音平台账号便有1300多万粉丝。刘畅本人也做出很大贡献，她在平台里做财经垂类运营时，为行业贡献了很多有价值的想法。之后，她独立创业、躬身入局，掌握了这一行业的核心玩法。此外，她本人既有传统媒体、公众号时代的财经自媒体经验，又有短视频时代的财经自媒体经验，这2年里没少给我们支招，特别是在内容方向、商业化打法上，她更是直接点明发力点在哪儿，以及该怎么发力。

只有试过无数遍错的人才会真正明白金融短视频应该怎么做，以及财经脱口秀该怎么做才会获得良好的反映。刘畅无疑是为数不多的、能真正告诉你该怎么做出一个好的金融短视频的人之一。

在这一行业中摸爬滚打了这么多年，笔者也总结出了一些真心话。

1. 任何一种互联网平台的流量红利期都只有3～5年。有关2010年后的门户网站、2014年后的微博、2018年后的微信公众号是什么发展状况，读者可以自行查找资料。以抖音为主阵地的金融短视频已火爆了2年有余，高手层出不穷，留给后来者的机会逐渐减少，所以越早加入的人优势越大。

2.面对大众的金融短视频，会被逐渐分化成 2 种走向。一是做垂类的，比如券商、公募出身的创作者来讲宏观经济、板块行业，这类短视频针对的是相对专业的垂直用户。二是针对大众的，这类短视频重知识结构，更重表达，谁更通俗、有趣、有创意，谁便更有优势。

3.随着金融短视频行业发展得越来越规范，带着资本、持牌进场的专业金融机构将更有优势，接下来行业的很大一部分蛋糕会被持证上岗的专业队切走。普通人若想成为财经博主，将面临更为严格的资质、业务水平以及表达特色等方面的要求，背负的压力也会更大。

事不宜迟，读罢本书，希望各位抓住最后的机会，来做财经脱口秀吧！

许云峰

"直男财经"创始人、世见科技创始人

2022 年 4 月 2 日于杭州

前言　做内容就是关照人

2021年的最后4个月，是我走出互联网平台，真真切切地和金融机构从业者就做号、直播、展业、运营等方面的话题，探讨路径、了解需求、剖析痛点的一段时间。我曾在一周内飞了6座城市，拜访了8家金融机构，并连续两个周末都在为理财师和零售业务负责人授课。我马不停蹄地辗转于各个城市之间，乐此不疲。如今，利用音视频媒体进行个性化表达，不仅为个人提供了自我展示的机会，也为传统行业提供了升级转型的机会。

2019—2022年，短视频直播行业飞速成长，金融短视频创作者们见识了流量的魔力。从拥有百万粉丝即十分了不起，到坐拥千万粉丝才算有一定的影响力、号召力，这种变化不仅反映了创作者的聪明勤奋、平台的多元公正，还证实了人们对"投资理财"的兴趣正逐渐提高。需求激发创作，创作又带来新的需求，如此循环攀升，促使金融短视频的整体生态越来越完善。

作为离这根上升螺旋线最近的人之一，我真切地听到过许多来自传统金融行业的生长之音。

2020年年初，开办视频号的金融机构屈指可数，他们将海报做成简单的动效短视频，实现了"从0到1"的突破。

2020年夏天，有机构成立了专门的短视频部门，招聘专业人才，真人出镜，体会到站在风口尖尖冲浪的刺激，完成了流量的原始积累。

2020年秋天，陆续有机构首席入驻短视频平台，短短几个月便拥有百万粉丝，让草根创作者大呼"能实现降维打击的参赛者来了"。

2020年冬天，过去在互联网上拿过胜子的新晋券商展开"集团军作战"，各类"星计划""创造营"不断涌现，不是选俊男美女，而是在寻找最具流量驾驭能力、未来可在线上展业的理财师。

2021年开年，金融机构纷纷改制，零售业务和线上渠道业务相结合，短视频被写入部门重点创新计划，"打造IP"这样的热门词语被写入国际化咨询机构写给国内券商的咨询建议书中。

2021年下半年，金融机构要的已经不是"对不对"这样的答案，它们急需"怎么做"这样的解决方案，人们的目光早已从"达成多少万粉丝"这类运营指标跳跃到"转化率为多少"这样的业绩指标。

都说做金融的人拥有聪明的大脑，很快就能找到打开新世界大门的钥匙，并且迅速找到地图、画出最短路径，此话不虚。

从此岸到彼岸，地图有，路径也有。我能做的也许只是教会大家划船或者游泳的方法，尽量让大家掌握基本技巧。从而既节省时间，又不会练坏身体。

不妨先从给大家写一本书开始。

《从0到1玩转金融短视频直播》一书的内容源自以下三种经历的沉淀：其一，我在短视频平台见证了行业生态从散乱到有序、从荒芜到繁荣的变化过程；其二，我曾与近百位财经网红大V互动，获取了一些他们对运营的心得和对流量的认知；其三，我与几十位金融机构零售业务线、网商业务线负责人就线上展业可能性进行过探讨和互动。

在有了上述沉淀之后，我希望能将具体方法提炼出来，为金融机构、金融内容从业者提供一套基于媒体形态和内容本质的打法，即从理解短视频、直播媒体介质的算法和内容甄选逻辑入手，定位自己的个人形象，重组语言结构和叙事方式以适配自己的短视频和直播间，精细化运营账号，最终实现线上投教、展业、获客等目标。以下是本书希望能够解决的问题。

- **如何把握流量潮汐的方向？** 解答这个问题旨在帮助金融博主跳出媒介惯性思维，深入理解短视频和直播等产品的底层逻辑，快速适应媒介形态，持续稳定地输出内容。

- **如何建立受用户信任的专业财经主播形象？** 解答这个问题旨在破除唯形象论、唯光环论。从建立信任的角度出发，帮助选人机构或者达人找准定位，获得有价值的粉丝。

- **如何用短视频和直播的方式表达？** 解答这个问题旨在帮助博主掌握短视频语言的结构和节奏，了解直播间的运营方法和人—货—场关系，从而得以快速转化效能。

- **如何在公域平台上获取客户、陪伴客户？** 解答这个问题旨在帮助博主用内容满足用户投资需求，在投教的基础上获取粉丝的信任，进而通过互联网展业形成业务闭环。

- **如何理解爆款内容的底层逻辑？** 解答这个问题旨在帮助博主从理解人、价值观、创造及迎合需求的角度出发，穿越媒体周期，持续迭代作品的内容体裁和形态，做流量的主人，做真正的财经内容专家。

作为行业的观察者和从业者，我希望可以从一手的经验及案例入手，写出一本从 0 到 1 的书，希望它最终不是一本简单的短视频直播产品的使用说明书，而是一本可以为读者提供更多方法论的书。只要能让读者"少走弯路"，笔者便心满意足。

在正式翻开第一页前，笔者有七句真心话想送给各位读者。

1. 以终为始。如果你的目标是展业或者进行知识传递，那么找到精准用户才是你该抓的重点，粉丝量和播放量没有想象的那么重要。

2. 纸上得来终觉浅。各位应每天坚持刷短视频、刷直播，学习需要成为一种习惯。如果你抵触这一点，那么便不可能做好。

3. 抛却惯性思维。以抖音、快手为代表的短视频是全新一代互联网产品，请各位不要把其他产品培养的老式创作习惯代入其中，更不要想当然。

4. 偶然并非必然。不要照抄、照搬、轻信某一个创作者的成功经验，而应在大数原则下总结规律，我们讲概率，不讲运气。

5. 应有完善的知识体系和分发系统。形式、结构、背景、着装、主播形象等都是皮相，完善的知识框架和发放系统是骨相。骨相胜于皮相，好的皮相带来的辉煌是一时的，而好的骨相可以穿越周期、被人追随。

6. 合规安全第一。作为金融从业者和内容创作者，不要醉心于蛊惑人心的流量密码，执业合规和传播合规才是我们应关注的重点。

7. 以人为本。无论你是在短视频直播时代，还是在任何一个我们无法想象的未来媒体时代，只要你的传播对象是人，坚持从理解人、爱人、帮助人这三点出发，你便能成为最优秀的创作者。即使有了金融这一前缀，一切也不会改变，只会变得更加真切，因为获取收益是每一位社会成员的刚性需求。

希望各位能够轻松掌握短视频直播的运营方法，成为优秀的金融内容创作者。

刘畅

2022 年 2 月 1 日于北京九龙山

目　录

第一章
金融机构短视频直播展业概览　001

第一节　各领风骚：金融行业常用新媒体平台特征及策略评述　003
第二节　势能迁徙：短视频崛起　012
第三节　水大鱼大：短视频内容生态　019
第四节　机遇与挑战并存：金融行业面临的难点和赛点　029

第二章
金融短视频算法及平台特征　043

第一节　如何理解短视频算法　046
第二节　如何理解推荐制　048
第三节　短视频平台特征及代表账号扫描　050

第三章
金融类账号突破冷启动实操方法　059

第一节　何谓冷启动　061

第二节　冷启动的关键：找准账号定位　065

第三节　如何养号　072

第四节　数据加权破解秘籍　077

第五节　案例实操：某"保险类"账号的冷启动方法　081

第四章
金融短视频内容实操方法　089

第一节　金融类账号人设的树立　091

第二节　短视频脚本精进标准作业程序　101

第三节　短视频脚本案例拆解　110

第五章
金融类账号运维实操方法　　117

第一节　账号装修的秘诀　119
第二节　账号运维实操方法　126
第三节　账号运营的关键数据指标　130
第四节　金融商业化流量的投放推广　133

第六章
短视频和直播拍摄剪辑实践　　137

第一节　设备知识：设备选择、光影构图、运镜方法　139
第二节　现场调度：主播情绪及状态调整、现场场景调度　151
第三节　后期剪辑：从基础入门到升级混剪　153
第四节　音频处理：现场收音、背景音乐选择、后期修音　161

第七章
金融类直播实战　169

第一节　直播前工作准备　171
第二节　直播间工具使用　181
第三节　直播整体节奏安排与互动技巧　190

第八章
金融短视频直播营销合规及内容风控　203

第一节　金融营销内容如何符合监管要求　205
第二节　内容创作如何符合平台社区规范　209
第三节　金融互联网展业和内容营销政策及处罚案例汇编　212

参考文献　226

第一章 01

金融机构短视频直播展业概览

第一节　各领风骚：金融行业常用新媒体平台特征及策略评述

想通过内容在公域平台上获取流量离不开平台的支持。下文笔者将分别对微信公众号、抖音、视频号、微博进行主要特征、传播特质、内容定位和优劣势方面的分析。

一、微信公众号

截至2022年5月，微信的月活跃用户达到12.9亿，公众号订阅与转发逻辑的社交属性、用户的垂直精准程度、基于微信基础设施的链接能力，以上都是内容创作者活跃在微信公众号上的重要因素。

1. 微信公众号的主要特征

微信公众号的主要特征是：图文载体，单篇推文有1500～2000字，可依靠关注关系或者微信好友的朋友圈分享打开。

2. 微信公众号的传播特质

（1）信息密度中等，大多为图文阅读环境，并非"富媒体"[①]（仅调动眼睛一种感官，比视频调动得少），它通常不调动特别多的感官捕捉器官接受信息。

（2）信息量大，大部分推文篇幅为 1500～2000 字，若将全部文字转化成语音，语速快的人也需要 5～8 分钟才能念完。相对长的篇幅以及非线性的组织形式（音视频是线性的，很难像图文一样快速定位上下文、提取逻辑和重现重点），使得它可以容纳更大的信息量和更复杂的逻辑关系结构。一般音视频只包含一层逻辑关系比较合适，图文可以包含多层逻辑关系。

3. 微信公众号的内容定位

适合微信公众号的内容定位主要有以下两种。

一种是逻辑严谨的观点分享型文章。以某财经公众号为例，文风介于研究报告和小白文之间，逻辑严谨，附带报表数据，这点像研究报告；语言通俗易懂，文章观点鲜明，这点又像小白文，比较适合金融小白。

另一种是描述个人经历、进行经验分享型文章。以某事务所公众号为例，文风以生活调侃与理财经验分享为主。生活调侃类文章往往为流水账式的，无法被高度浓缩，公众号采用一种类似日记的体裁会更贴合大众的图文阅读习惯。

4. 微信公众号的优劣势

微信公众号基于微信自带的一些基础设施（小程序、个人微信、企业微信互

[①] 富媒体，即 Rich Media 的英文直译，是指具有动画、声音、视频或交互性的信息传播方法。——编者注

联互通），更容易接入私域进行转化运营。例如，其通过文末"扫二维码添加助手"等设置可以形成转化，但在短视频直播平台，类似行为则属于站外导流，是违规行为。

当然，微信公众号也有弊端，主要弊端便为"增量"少。一方面，想要拉新很难，文章必须被更多人转发才可以获得新粉丝，大部分看到文章的人是公众号的粉丝，"非粉丝"很少，这点和算法推荐完全不同，也很难与算法推荐的陌生用户曝光功能相提并论。另一方面，图文表达形态逐渐不再流行，与之相关的阅读习惯在萎缩，好产品、好蓄水池也有老化、无法更新的一天。

据微小宝[①]统计，微信公众号的打开率从 2017 年的 5% 逐渐降至 2020 年的 1.8%，企业公众号的打开率已不足 1%。用户越来越不爱阅读、不喜欢主动寻找内容，意味着图文红利在逐渐消失。

二、抖音

截至 2021 年，抖音官方宣布日活跃用户数量（Daily Active User，DAU）达 6 亿。与中长视频平台热衷打造"大剧热综"不同，抖音侧重使用短视频和用户原创内容（User Generated Content，UGC）模式。抖音可以充分利用碎片化时间传递信息，并且它开创了单列信息流[②]的展现形式，用户上下滑动即可以更换内

[①] 微小宝是微信时代的第三方数据公司，每年会发布微信生态数据报告，因业务转型和微信公众号发展状况不乐观，相关数据仅更新至 2020 年，但仍具有一定的代表性。——作者注

[②] 抖音平台于 2020 年 4 月推出了"直播间付费推广工具"，它主要是基于巨量引擎的广告投放体系。它在抖音的推荐页里直接将客户推广的直播间呈现给用户，是针对带货账号直播间流量垂直引入的一种直播间推广模式，推广方式主要为"原生直播间推广＋抖音号推广"，旨在实现广告投放效率和投放效果的提升。——编者注

容，而且更换的内容为算法推荐而来，节省了用户"找"和"搜"的时间成本。

1. 抖音的主要特征

抖音的主要特征是：以短视频形式为主，将用户消费内容数据反馈至算法，算法对个体客户进行内容推荐、单列信息流推荐，直播间业务与短视频业务并重。

2. 抖音的传播特质

（1）传播密度大。抖音是短视频产品的代表，采用人工智能算法推荐制，表达方式为音频、视频合二为一。相比图文，短视频的展现形式更丰富，调动的感官更多，渲染力更强，是"富媒体"。其于单位时间传递的信息量也比图文更多，信息密度更大。

（2）信息承载量中等。金融短视频的视频时长一般在 2～3 分钟，如果按照新闻联播主播一分钟讲 260 字的标准，其相当于输出了 600 字，这样的总信息量仅相当于微信公众号一篇推文的一半。

3. 关于短视频的视听展现形式

（1）在抖音短视频里，大部分主播语速偏快、表现夸张。观看视频给人的感觉像在吃压缩胶囊一样，用户需要在短时间内集中注意力并接收大量信息。

（2）相比图文，短视频是线性结构的。它可以讲第一、第二、第三，或者一个、另一个，但是不能讲"一""1""（1）"，否则用户靠简单地看、听一遍视频，很难真正理解主播想要传递的信息。

（3）短视频是线性结构的，它不能承担文字可以达成的"推导"类工作，比如引导用户由自己得出结论。短视频必须直抒胸臆，给出鲜明的观点和明确的结论。由于手机屏幕画幅与人的距离很近，所以画幅里的人也需要更接地气、有亲和力，适配手机与人眼之间的距离①需要，所以我们在短视频、直播环境中会多次听到"人设"②这个词语（后续笔者也会专门讲在金融领域怎么定位及搭建人设）。人设即用户对某种人的投射，人设符合、超出用户的心理预期或存在反差都可以，唯一不能有的感觉就是"差一点儿""不太像"。

4. 抖音的优势

（1）抖音确实是一个爆款内容的放大器。如果某个抖音号的内容足够好，即使现有粉丝量不多，其在发布第二条短视频之后也会爆火，而且可以实现播放量的几何式增长，实现内容的层层扩散。若每个人看了视频都会觉得好，那么每一层流量池都将表现得更加出色，并且视频在后续会被不断地推荐给更多的人，成为爆款内容，甚至和几亿网络用户见面。

（2）抖音是不容忽视的新增流量池。如果我们用一些第三方查询工具来观察App 的 DAU，将不难发现，除了微信，短视频平台的 DAU 遥遥领先。

经历了长视频、微信公众号、短视频时代的我们，在和同行交流时有时会采用这样一个比喻：互联网逐水草而居，金融、消费品、教育等流量的需求端就是游牧民族，流量就是草，哪里有草，需求端便会迁徙到哪里。

当谈论某个平台的流量大小时，金融行业从业人员需要具备对互联网流量客

---

① 这也是一种心理距离，一般屏幕离人越近，观众和表演者之间的心理距离越近，观众也越希望表演者的人物设定真实、更贴近身边的人和环境。——编者注

② 人设，即人物设定，指明星或公众人物在内容平台上提前设定并演绎出一个相对完整的人物，如高颜值形象、"女神"等。——编者注

观评判的能力。需要看一个App的流量极限在哪里，其前台内容数据是否合理。在评估工作与目标值的时候，我们需要合理看待合作方给出的承诺，做好评估，不被"忽悠"。举个例子，有一家银行决定举办一场大型发布会，市场部问乙方能否提供一些运营策略？问及目标，对方回复观看量可达到500万，问及投放平台，对方告知为某财经媒体App。实际上，甲方通过第三方查询工具一查便可知，这个App的DAU还不到5万。

三、视频号

这里我们重点关注一下视频号和抖音的不同点。

第一，推荐机制。视频号并不完全基于用户兴趣进行推荐，其主要依靠用户关系链进行内容推荐。也就是说，不管这条短视频我是不是潜在兴趣人群，只要我的关系链中有更多人看过、喜欢它的内容，那么我便更有可能看到这条短视频。

第二，发展阶段和生态。与抖音、快手相比，视频号尚未成熟，内容生态的形成较前二者更晚，又因为产品形态是基于微信底盘之上，并非一个独立的App，所以其在功能迭代和入口触点等方面的迭代速度不似独立App那般迅猛。基于此，笔者认为视频号的信息密度中等。为什么同为短视频平台，它的发展不如抖音？这里应该再加一个限制定语——在目前阶段。当下，视频号还处于成长期，2022年视频号的内容生态有点像2019年抖音的内容生态，目前视频号获赞最多的作品内容可能为钢琴家在弹琴，或者外国某个极客发明了某样东西。视频号上的内容在时效性和垂直性上还不够强，但是抓住了人们普遍认可的"真""善""美"。这就是一个内容聚合平台刚开始迭代的样子，它需要用可达成共识普遍适用的、已经被检验过的情感吸引用户，使得用户沉浸其中。当越来越多的人愿意花时间在视频号上之后，便会有新的创作者创作超越这些维度的内容，进而扩大这个平台的内容维度和商业化维度，进入良性循环。

当下视频号的爆款内容大多是那些可以广泛引起共鸣的"真""善""美"，只要某作品能反映自己上进、有成就的一面，它就值得一个大大的赞。至于某些小众的爱好（比如cosplay），用户知道如果他点了赞，他的亲朋好友就会看到，他们会掩藏自己的内容消费行为或者干脆更换一个平台。这说明视频号社交推荐这层关系更多是为了照顾"别人眼中的我"的形象。正如张小龙所说，在一个产品里同时承担两个身份，其实是很有挑战性的[1]。

面对尚处于发展期的视频号，笔者作为金融内容创作者，建议大家分两步走。

第一步，迎合它当下的推荐逻辑和发展阶段。比如某基金公司上市了一款新产品，那么你的第一层受众应该是你的员工，第二层受众才是员工朋友圈里沉淀的存量客户。投射到金融行业，像保险这样多层级代理人的结构，也是非常适合用视频号去传递信息的。

第二步，坚持做优质、原创的内容。内容聚合平台最终一定会走向供需均衡，供给方（内容创作者）最终还是要靠创新培养核心竞争力，不管在什么展示机制的短视频平台上，内容都是王道。

四、微博

最后一个比较常见的公域内容发布平台是微博。微博的成功在于它是目前国内最好的舆论广场，它偏重公开言论、观点、动态的即时性发布。

---

[1] 出自张小龙微信公开课演讲"微信十年的产品思考"，2021年1月20日。——作者注

1. 微博的主要特征

微博的主要特征是短图文载体、即时公众传播。微博目前是娱乐明星和意见领袖的主阵地。

2. 微博的传播特质

（1）信息密度中等。这是由图文为主的内容载体所决定的，一般微博中的内容废话不多，信息密度相对微信而言更大一些，内容压缩意味也相对更足一些。

（2）信息承载量中等。这也是"短"所导致的，虽然微博也推出了长文图片这样的功能，但是它在金融领域被应用得不多。金融在微博上的应用主要体现在开展盘前、盘中、盘后的一些快速复盘和预测上。

3. 微博的优劣势

笔者想强调的是，不要迷信视听盛宴，不是所有东西都适合使用富媒体，在某些方面，微博这样以短图文见长的平台具有天然优势，也特别适合信息发布和发表简单明了的观点，以下内容适合使用短图文形式发布：简单的盘前、盘中、盘后操作；简单的上市公司财报信息；"点到为止"类的观点和信息。

表1-1对本节内容进行了简要总结。

表 1-1 各新媒体平台内容形式、传播机制、内容定位及优势分析

载体	内容形式	传播机制	内容定位	优势领域
微信号	长图文	订阅制+朋友圈转发	信息密度中等，信息承载量大，适宜： • 逻辑严密、信息量大的长图文 • 个人观点或经历的充分展开	• 半私密观点 • 链接小程序、App方便

（续表）

载体	内容形式	传播机制	内容定位	优势领域
抖音号	短视频	算法推荐制	信息密度大，信息承载量中等，适宜： • 结构性的鲜明观点表达 • 人格化特性的放大或悬念解答	• 爆款内容放大器 • 流量大，可用于获取增量用户、扩展影响力
视频号	短视频	微信关系链推荐制	信息密度中等，信息承载量中等，适宜： • 能引起共鸣的积极内容 • 企业理念宣传贯彻（以下简称宣贯）	• "物料""名片"的作用较大 • 适合被代理商和员工众多的公司用来传递信息
微博	短图文	订阅制＋社区转发	信息密度中等，信息承载量低，适宜： • 发布信息 • 阐述简单明了的观点	• 图文形式快速表达 • 公共领域言论场

第二节　势能迁徙：短视频崛起

在互联网运营领域，我们通常会从两个维度判断某种流量模式是否已经具备了更高的势能。

一、占有用户总时间

占有用户总时间 = 用户规模 × 用户停留时长

所有的互联网公司，特别是以内容为抓手的互联网公司，尤其在意以上公式。这一公式也通常被用作产品和运营部门的北极星指标。它代表着互联网公司让有需求或潜在需求的用户聚集在自己的平台上，并且公司在平台上花费了比竞争对手更多的时间。如果平台能将这个数字无限做大，就会让产品或者平台模态的使用更加接近整个市场的天花板[①]。从用户规模上讲，短视频直播的国民渗透率已经登顶。

[①] 在资本市场上，这个指标一样奏效。C端互联网产品通常是以用户数为估值基础的，而用户花费更多的时间则意味着产品有更多的商业化可能性。这一指标或者是在生命周期总价值（Life Time Value，LTV）上奏效，或者是在每用户平均收入值（Average Revenue Per User，ARPU）上奏效。——编者注

正如图 1-1 所示，中国互联网络信息中心（CNNIC）最新数据显示，截至 2021 年 6 月，我国互联网网民规模达 10.11 亿。其中视频用户规模为 9.44 亿，短视频用户规模为 8.88 亿，占整个网民渗透率的 87.83%，直播用户规模为 6.38 亿，占整个网民渗透率的 63.11%。

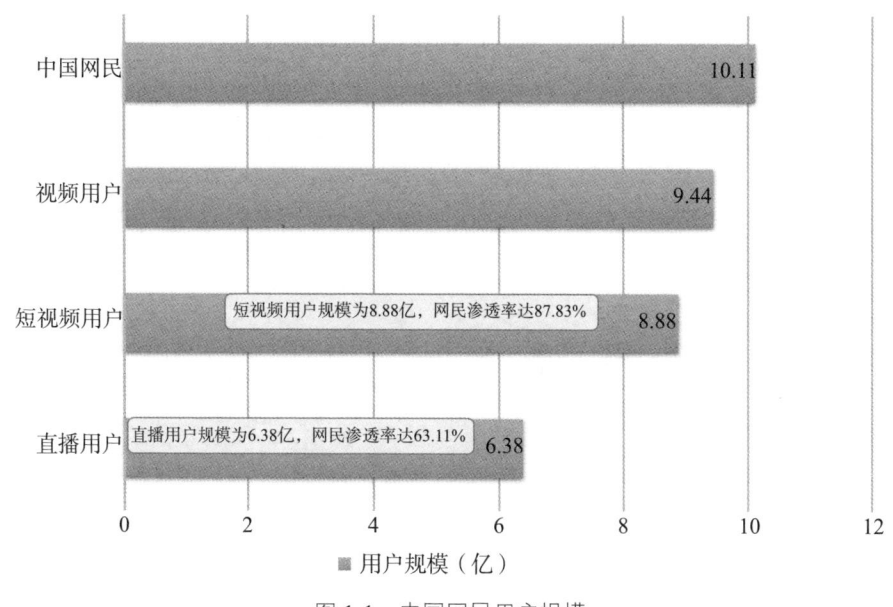

图 1-1　中国网民用户规模

资料来源：CNNIC 于 2021 年 8 月 27 日发布第 48 次《中国互联网络发展状况统计报告》，数据截至 2021 年 6 月。

这种规模的数字向我们传递的不仅仅是"数很大"这样一个表面感知，它是在告诉我们，当你考虑短视频直播平台的用户画像时，不应过于片面或者抱有刻板印象，认为只有年轻人才看短视频，或者只有下沉人群、有闲一族才看直播。一个几乎人人参与的商业模态的人口画像是非常全面的，它更接近于智能手机的使用人群画像。你不妨想象一下我国智能手机使用人群中的分布状况，相应地，你也会对短视频直播的用户受众画像有更直观的认知。

应用市场层面的数据通常会使用 DAU 指标或者月活跃用户人数（Monthly Active User，MAU）指标进行描述。其实我们可以简单地把它理解为用户规模，它常被用于比较平台和平台之间、产品形态和产品形态之间、App 和 App 之间的孰高孰低。图 1-2 为移动视频平台（含长视频、中视频、短视频）的 MAU 前 10 名，以抖音为代表的短视频平台在 MAU 领域名列前茅。

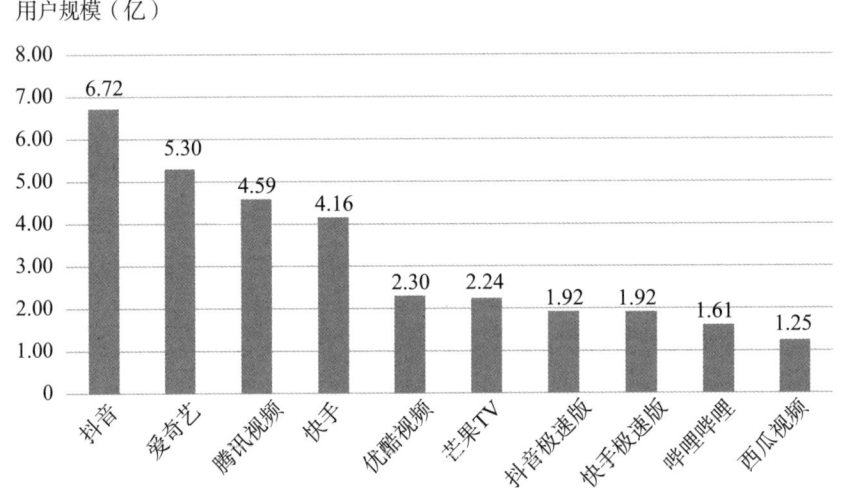

图 1-2　2021 年 9 月移动视频 App 月活用户规模排名

资料来源：QuestMobile，2021 年 11 月报告。

在 DAU 方面，短视频的优势更为明显，我们仅看各大平台官方宣布的数字。在 2020 年 9 月 15 日的抖音创作者大会上，抖音宣布 DAU 突破 6 亿[①]；2021 年 11

[①] 见 2021 年 1 月 15 日的《抖音 2020 年数据报告》，截至 2020 年 8 月，抖音 DAU 已突破 6 亿。抖音唯一一次官宣 DAU 就是在这次大会上，此后因为互联网行业扩张和字节跳动上市被搁置等问题，各大互联网巨头除公开财报，不再官宣 DAU 和 GMV 等数据。——作者注

月 23 日，快手公布的 Q3 财报显示其 DAU 为 3.2 亿。在线视频的第二梯队、长视频平台头部爱奇艺、腾讯视频的 DAU 则徘徊在 9000 万上下。

在用户使用时长方面，短视频和直播的成绩也不遑多让。2020 年新冠肺炎疫情席卷全球，人们的工作、生活、娱乐活动纷纷迁至线上，互联网红利的天平再次向短视频直播平台倾斜。根据第三方统计报告①，短视频用户的市场占有率在一年内跃升 9.5%，总占有率已接近 30%，甚至超越即时通信软件。这一不容忽视的数据变化，一方面说明了用户的触媒习惯在迁徙，另一方面也验证了短视频平台作为"时间黑洞"，有着巨大的魔力。算法推荐带来沉浸式体验，用户在用第一性原理思考、接收信息，全然忘记时间的流逝（见图 1-3）。

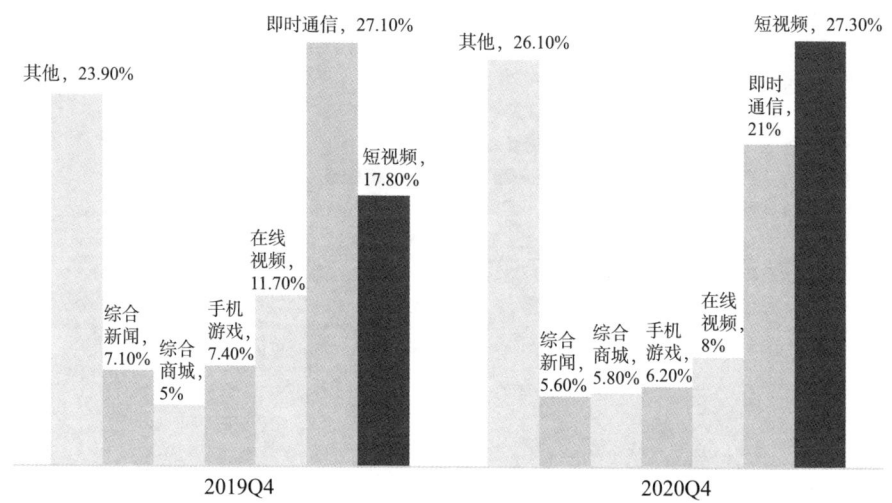

图 1-3 用户使用时长行业占比变化（2019—2020② 年）

资料来源：数据综合 QusestMobile，艾媒数据 2021 年互联网广告报告。

---

① 白杨.快手 Q3 财报：平均日活达 3.2 亿创历史新高 [N].21 世纪经济报道，2021-11-23.
② 由于 2020 年短视频行业发展迅速，相关数据最具代表性也最易被获取，且更可靠，因此笔者在筛选数据进行分析时仅筛取至 2020 年，余同，下文不再一一列注。——作者注

二、商业价值

一个应用产品的势能不能仅仅由多少人用、用了多少时间来衡量。用户是否会在产品上有心智停留、产品能否产生注意力经济等问题也非常重要,我们可以用广告主的重视程度来描述,或从以下几个维度观察短视频和直播平台的商业价值。

1. 广告主预算分配动向

根据上一年的展示到购买或者展示到认知的转化效果,以及对内容平台的发展预测,岁末年初,线上广告主一般都会对预算进行排序分配,如图1-4所示。

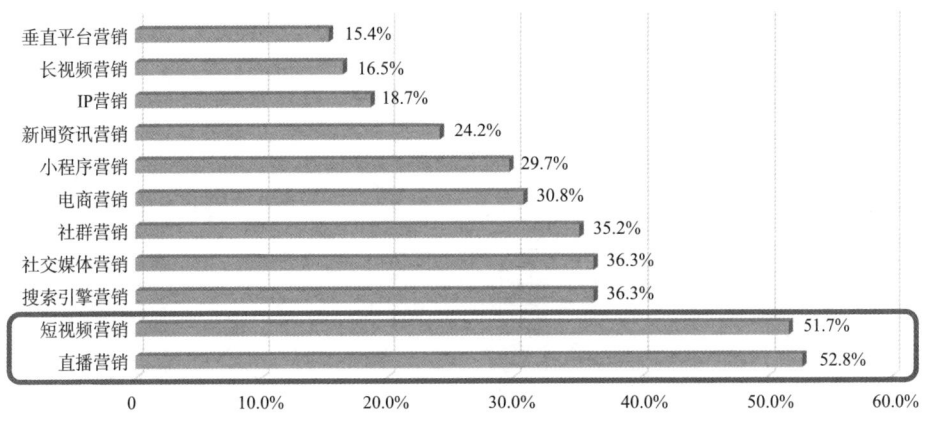

图 1-4　2020 年中国广告主未来一年增加预算的线上媒体营销模块占比

资料来源:艾瑞咨询网。

从图 1-4 可以看出,直播模块和短视频模块占比均超过 50%,而且相比第二梯队的搜索引擎营销和社交媒体营销,高出超过 10%。2018 年,短视频营销、直播营销模块尚未被单列,彼时电商营销占比在 30% 以上,搜索引擎营销占比也接近 20%,分列冠亚军位置。短短 3 年的时间,形势发生天翻地覆的变化。

2. 典型广告主的预算分配动向

典型广告主，顾名思义，是那些最习惯以及最擅长将钱花在互联网行业中的品牌，运动户外、家用电器、IT 电子三大行业便为典型代表。如图 1-5 所示，2020 年，短视频的投放预算增速飞快。典型广告主均将超过 30% 的预算分配给了短视频平台。从调整比较多的预算中我们可以看出，在线视频（这里指长视频、中视频平台）吸引到的预算有一部分被增加到短视频上，同为视频类在线产品，广告主评定商业价值的偏好正发生迁徙。

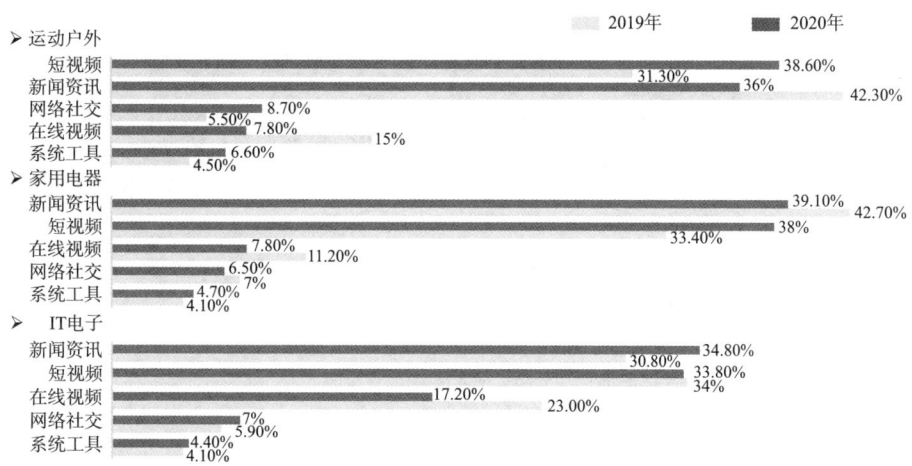

图 1-5 2019 年、2020 年典型广告主行业投放媒介前五名行业占比

资料来源：QuestMobile Ad Insight 广告洞察数据库，2020 年 12 月。

3. 相似产品形态广告的预算分配动向

在垂直广告品类中，信息流广告的细分投放预算占比情况如图 1-6 所示。早期的图文信息流（以百度、知乎、微信、今日头条为代表）虽然在市场中占比很大，但是有持续下降趋势。以视频为题材的短视频信息流和视频信息流[①]的比重在逐渐上升，二者占比之和从 2020 年第一季度的不到 40%，发展到 2020 年第四季度的近 60%，可谓撑起了大半边天。这说明从广告题材来看，视频表达方式正在成为主流，这投射了广告效能情况，也说明广告主的偏好正发生变化。

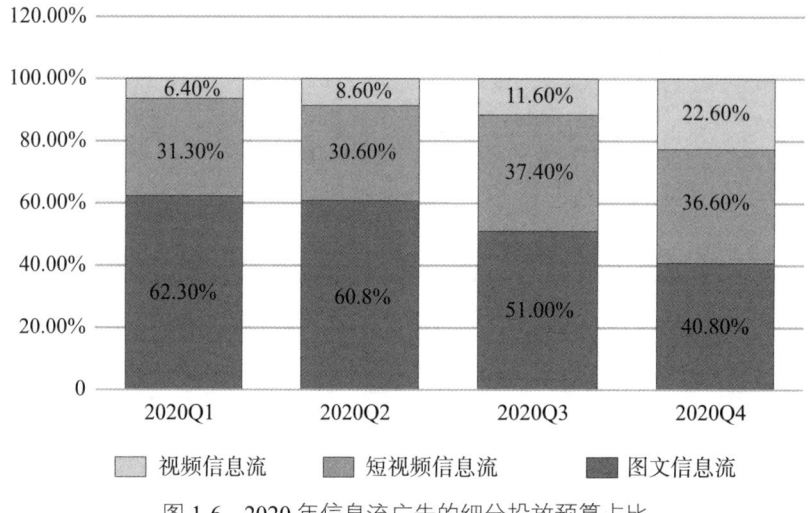

图 1-6　2020 年信息流广告的细分投放预算占比

资料来源：QuestMobile Ad Insight 广告洞察数据库，2020 年 12 月。

综上所述，无论从产品侧的国民总时长价值还是从商业侧的广告主预算动向价值来看，近两年短视频直播平台的发展都十分迅速，大有在互联网世界独领风骚之势。这些数据向金融营销从业人员传递了一个强烈的信号：短视频直播平台是最大的拓新阵地，也是一个性价比较高的买量对象。无论是自建流量池还是购买成熟流量，金融从业者都不应该错过短视频直播平台。

---

① 这里是指在非短视频平台上出现的短视频形式的信息流广告，今日头条 App 上出现的静音且带字幕的视频广告即为视频信息流。——编者注

第三节 水大鱼大：短视频内容生态

笔者在和金融行业从业人员交流时，常常会碰到一些刻板成见，比如"短视频平台上都是年轻人，喜欢酷炫的内容，他们还没到理财的年纪""财经这样有深度的内容不适合被视频形式表达""看直播的都是下沉用户、有闲一族，哪个事业有成的人会有时间守在直播间看网红直播呀"，等等。

在听到这些想法时，笔者表示理解，因为非互联网从业人士对新兴平台的生态理解往往是相对滞后的，人群中深度用户占比较低。而且在算法推荐制下，花的时间不够多的人往往看不到生态全貌，感知滞后 1.5～2 年。也就是说，你于 2022 年所感知的平台生态，用来描述 2020 年的情况，才算得上客观。

如果想更新对平台生态的理解，笔者建议重点关注以下两个方面：其一，全平台的用户画像；其二，与金融相关的用户画像。前者帮助你理解平台的成熟度，后者帮助你有的放矢地理解目标用户。

一、短视频用户画像和内容生态

2021 年，因为短视频平台表现出色，市场开始关注短视频直播平台的用户画像、使用行为,以及内容兴趣偏好的迁徙。尽管数据调研并不能代表全部,但也极具代表性,它可以帮助我们树立对短视频生态的正确认知。

1. 中年用户比例在上升

短视频真的是年轻人的天下吗?图 1-7 直接给出了否定答案,我们甚至可以得出结论:它其实是中年人的天下。

中国广视索福瑞媒介研究(CSM)的《2021 年短视频用户价值研究报告》显示,2021 年,年龄在 20～39 岁的短视频用户占总用户人数比重较 2020 年下降了 9.9%;40 岁及以上的用户群体正持续增长,占比升至 47.1%;50 岁及以上的"银发 e 族"占比则飙升至 27.4%。

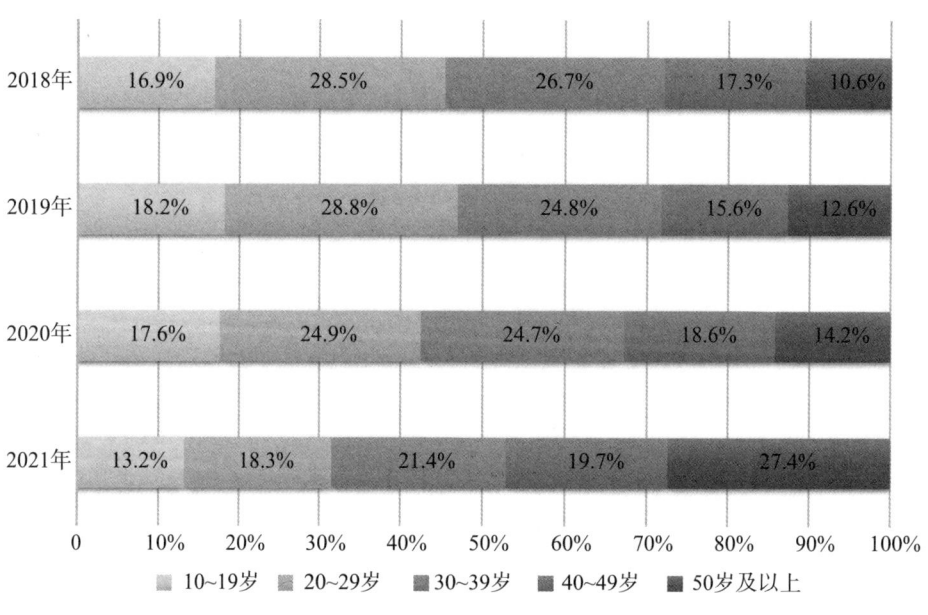

图 1-7　短视频用户年龄结构占比

资料来源：CSM 媒介研究,《2021 年短视频用户价值研究报告》。

需要补充说明的是，上述用户年龄层的变化证明了短视频并非一座孤岛，整个互联网世界都存在年龄层的代际迁徙，70后在互联网用户中的占比也正逐步提升。QuestMobile的数据显示，在中国移动互联网整体用户中，"80后""90后"依然是"冲浪"主力军，规模达到7.24亿，合计占比为62.4%。

从上述资料可以看出，面对"最年轻的'90后'也23岁了"这个事实，金融类内容创作者其实收获的是更加扎实的典型用户。毕竟投资理财本身就对社会资源积累条件有一定的要求，中年人恰恰是最重要的潜在用户。我们要做的不是想象年轻人需要什么，而是直面我们的目标用户。

2. 各碎片化场景中短视频的使用均有所提升，追求"有用性"的用户比例大幅上升

不可否认的是，短视频出奇制胜在"短"，用户可以利用碎片化时间刷刷手机，聚沙成塔，整体用户停留时长将被拉升。我们可以在众多的调研报告中看到，抖音、快手的人均使用时长数据令互联网从业者惊叹，居然在90分钟以上。这两大软件几乎占据了用户手机使用时长的第一座次。

如图1-8所示，几乎在每一个碎片化场景，用户使用短视频的比例都在上升，它越来越成为网民生活碎片中不可缺少的一部分。有趣的是，就连在"看电视时"这种已经被音视频占据的休闲时间中，短视频仍占有一席之地。

此外，如图1-9所示，有一个非常值得我们关注的信息：短视频用户观看动机正在发生变化，追求信息"有用性"的用户比例大幅上升；有关学习知识、开拓视野、获取资讯、获取谈资等方面的诉求显著增加。

用户行为和兴趣的表征变化给了金融从业者一个非常明确的信号：做内容

时，必须把有用性放在第一位，但是也不适宜做过于"干""晦涩"的内容，因为用户消费短视频的场景是碎片化或者伴随性的。

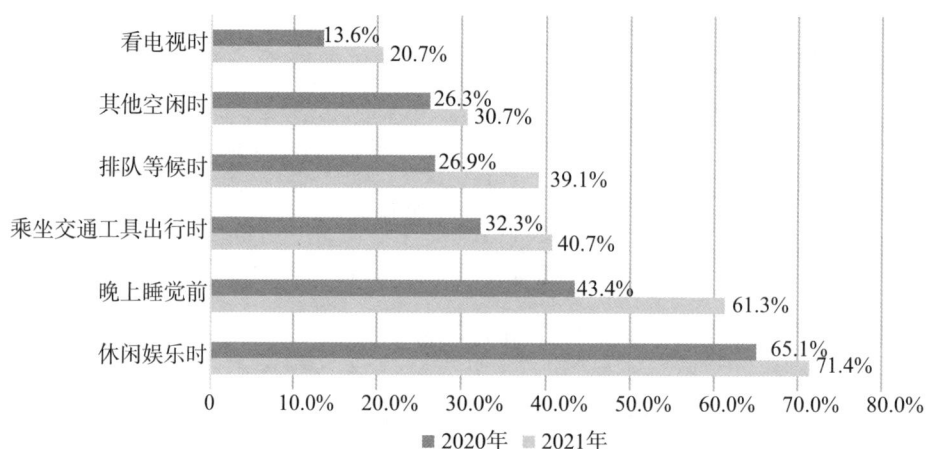

图 1-8　短视频用户观看场景变化（百分比为用户比例）

资料来源：CSM 媒介研究，《2021 年短视频用户价值研究报告》。

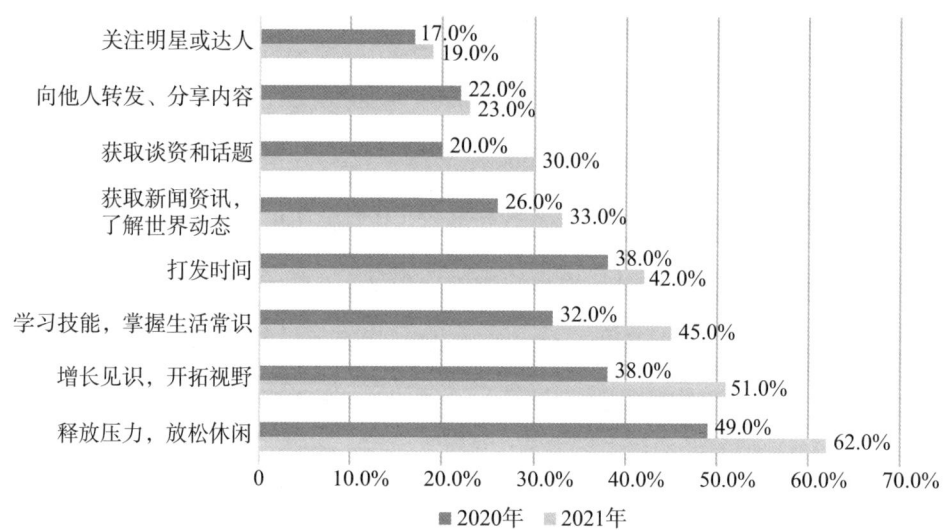

图 1-9　短视频用户观看动机变化（百分比为用户比例）

资料来源：CSM 媒介研究，《2021 年短视频用户价值研究报告》。

二、短视频财经用户和内容生态

2021年年初，抖音、快手两大短视频直播平台更加关注财经分类内容，经过一年左右的成长和沉淀，两大平台在年末推出了各自的财经内容生态报告。

《2020抖音财经内容生态报告》显示，2020年抖音财经内容的总观看时长、总评论量、总点赞量和平均单次观看时长同比增长率分别为164%、139%、88%和17%。截至2020年11月，对财经内容感兴趣的用户数量达到1.05亿，财经内容的单月搜索量达到9414万次。2020年5—10月，财经内容创作者变现率同比增长133%，收入的增长让更多的创作者将兴趣转换为事业。在蓬勃向上的大环境里，头部创作者相继组建公司，力图保证短视频的工业化生产、运营、变现顺利开展。

2020年，快手财经创作者共有1.5万人左右，他们主要分布在山东、广东、河南，而拥有创作者最多的城市为北京、广州、郑州、上海、深圳。得益于他们优质的作品、专业的内容生态，大部分创作者在快手上获得了理想的收益。快手排名前三的收益来源分别为：电商收入占比为63%，直播打赏占比为19%，付费课堂占比为15%。而在作品方面，财经类作品量达166万，共开设4.8万场直播，累积获得294亿曝光量[1]。股市投资、金融科普、保险知识、财经新闻、商业故事类内容最受用户欢迎，短小精悍、简单直接、故事完整、时效首发的精品内容更容易获得平台流量。

我们从以上数据可以看出，抖音和快手的财经类创作者均已上万[2]，从收益角

---

[1] 来自快手官方披露数据。——作者注
[2] 二者统计指标不同，抖音显示拥有万粉以上的财经作者约有1.5万人，快手报告显示的财经创作者约为1.5万人。——作者注

度可以看出，财经类作者的变现率获得了较大幅度的增长。

笔者认为，最重要的信息往往藏在最平凡的数字里。以抖音平台为例，从平台的财经兴趣人群用户画像中，我们可以看到一些足以颠覆刻板印象的信息。

1. 性别比透露的信息

抖音上的财经兴趣人群的男女比是57∶43，而在大部分其他财经社区中，70%以上的用户为男性用户，且以成熟男性（41～50岁）居多。这意味着相比财经垂直社区，短视频直播平台上的女性用户更多一些，对于基金、保险、理财这类流行投资品而言，这里机会也更多。

2. 年龄比透露的信息

移动互联网正发生代际轮动，很多人对于短视频直播平台的判断也在年龄段方面被颠覆：原来这里的财经兴趣用户"没有想象中年轻"。如前所述，DAU如此大的平台，其用户画像更加接近智能手机用户画像——有一定社会阅历的人才会对理财感兴趣。我们可以参照抖音财经兴趣用户年龄层占比、增速，以及TGI指数[①]来理解这一点（见图1-10）。当TGI指数超过100时，说明财经兴趣用户对平台的关注程度高于其他平台。从图1-10中可以看出，年龄层规模最大的是31～40岁，其次是41～50岁，和财经金融社区主力年龄层相符，综合18～30岁年龄层占比，总体比我们看到的金融社区的年轻人更多。此外，TGI指数呈

---

① 即Target Group Index指数，反映目标群体在特定研究范围（地理区域、人口统计领域、媒体受众、产品消费者）内强势或弱势的指数。TGI指数 = 目标群体中具有某一特征的群体所占比例 ÷ 总体中具有相同特征的群体所占比例 ×100%。——编者注

现"两头大"的特征，18～23岁的TGI指数为115，50岁及以上的TGI指数为114。也就是说，抖音在青壮年人群中最受青睐，在年轻和较为年长两端获得了最高的TGI推荐度，这说明抖音财经版块的用户数据非常健康。

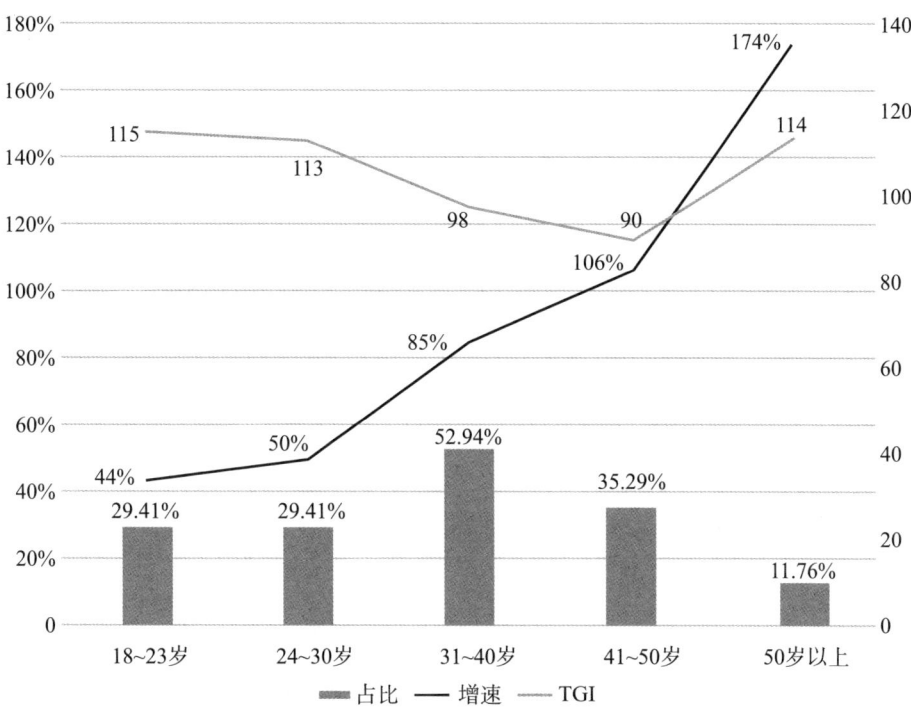

图1-10 抖音财经兴趣用户年龄层占比、增速及TGI指数

数据来源：巨量算数，《2020抖音财经内容生态报告》，2021年1月[①]。

3.理财用户的投资偏好

笔者想要重点分享的第三个点是理财用户的投资偏好。

---

① 《2021抖音财经内容生态报告》中，年龄、增速、TGI指数方面的数据没有更新，报告详细程度不如2020年，故选取2020年报告数据。——作者注

（1）短视频是最容易拿到合格新客的流量池。2021年，抖音财经核心兴趣用户中，有投资行为的用户占比已经达到58.8%[①]，比2020年增加了5.5%。相对雪球、同花顺这样的垂直平台而言，短视频平台仍有大量尚无投资行为的财经兴趣用户，他们是最值得争取的新增用户。

（2）短视频用户投资品类偏保守。从巨量引擎调研数据可以看出，字节系平台上用户投资占比最多的理财产品为保守、保障型产品。最受投资者欢迎的是风险较低的保险、银行理财类产品，偏股型和私募类相对靠后（见图1-11）。我们从2021年的最新报告可以看出，理财用户的投资偏好较2020年略有变化，追求高风险、高回报的用户的比例略有提升（见图1-12）。

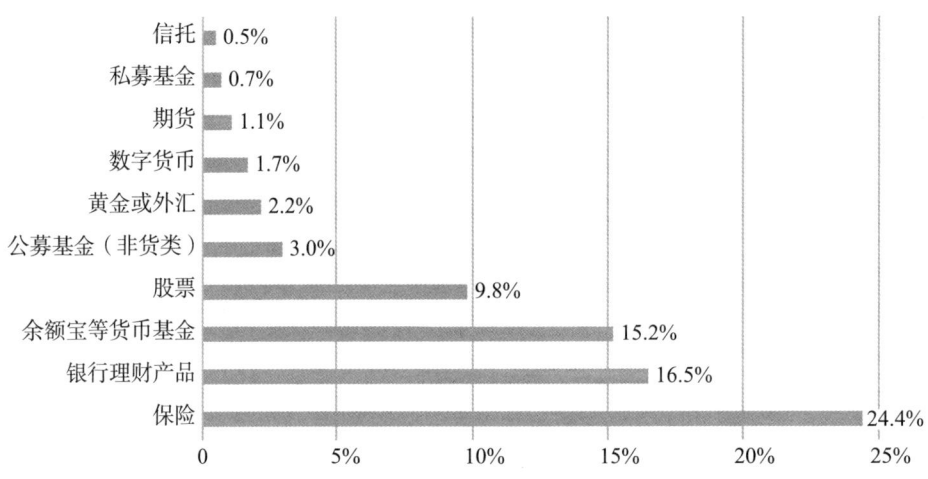

图1-11 字节系平台用户投资占比最多的理财产品前十名

资源来源：巨量算数，《2021巨量引擎金融行业生态及用户洞察报告》，2021年6月。

[①] 数据来源：巨量算数，《2021巨量引擎金融行业生态及用户洞察报告》，2021年6月。——作者注

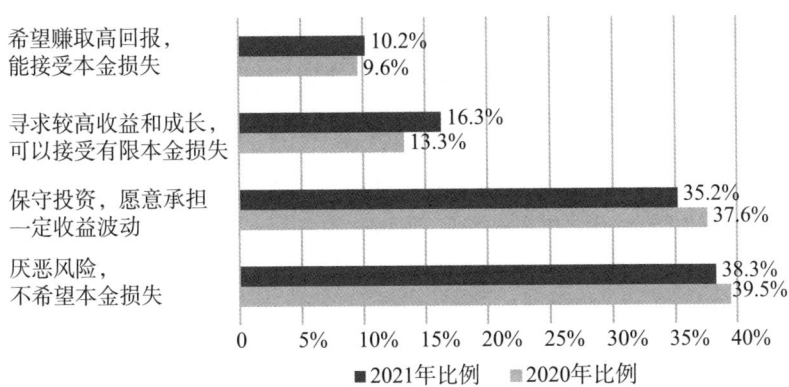

图 1-12　2020 年、2021 年抖音财经兴趣用户投资风险偏好对比

资源来源：巨量算数，《2021 巨量引擎金融行业生态及用户洞察报告》，2021 年 6 月。

（3）短视频用户的投资能力逐渐成熟。通过 2021 年和 2020 年之间的环比数据，我们可以看到，财经兴趣用户越来越能够接受金融和时间之间的密切关系，更加相信长期的力量、愿做时间的朋友、能够接受 3 年以上投资期限的用户比例在增加（见图 1-13）。

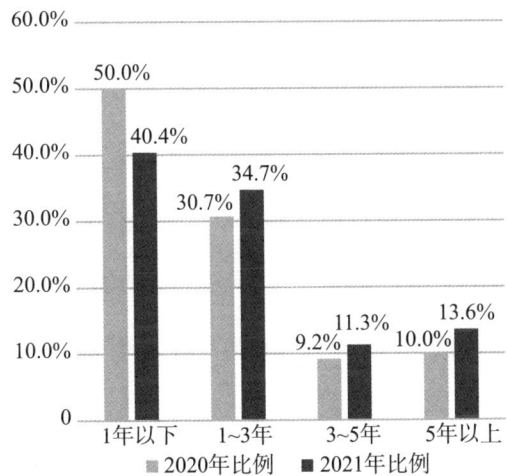

图 1-13　2020 年、2021 年抖音财经兴趣用户可接受的最长投资期限情况对比

资料来源：巨量算数，《2021 抖音财经内容生态报告》，2022 年 1 月。

另外,成熟投资者在短视频财经兴趣人群中的比例也在上升,"没有经验"者的比例正逐步下降。其中,有 2 年以上投资经验的投资者占比提升明显(见图 1-14)。

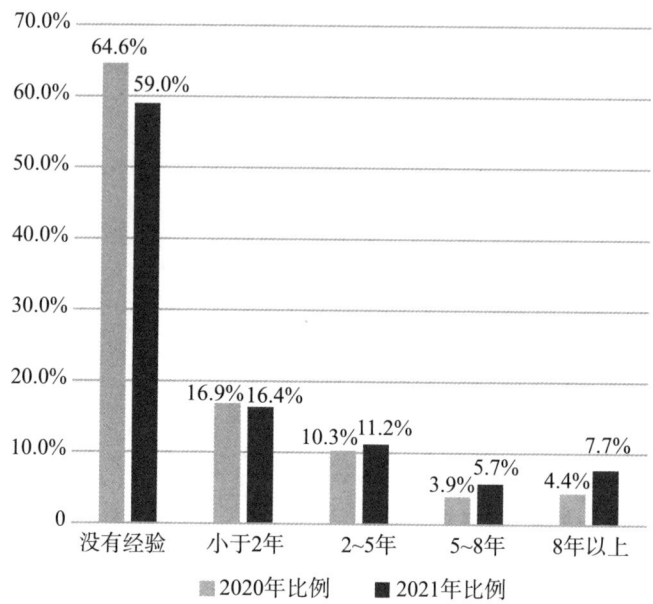

图 1-14　2020 年、2021 年抖音财经兴趣用户投资经验年限对比

资料来源:巨量算数,《2021 抖音财经内容生态报告》,2022 年 1 月。

综上所述,短视频平台的财经兴趣用户是非常值得金融从业者争取的客户。一方面,他们的"萌新"属性更强,而且已经形成兴趣倾向,是非常好的新客来源;另一方面,此类人群在投资领域成长迅速,从趋势上看,未来合格投资者的占比将越来越大。

第四节　机遇与挑战并存：金融行业面临的难点和赛点

一、金融行业进军短视频赛道的机遇与挑战

从宏观上讲，相较快消品、数码产品、家电等消费品行业，金融行业（这里涵盖银行、保险、基金、券商、期货、信托等）进入短视频直播市场的时间较晚，普遍萌芽于 2020 年下半年。其中，最早进入这个赛道且总结出方法论的，主要是具有互联网基因的互联网保险公司。它们从一开始便以网络为销售渠道，没有庞大的代理人队伍，也没有庞大的分支机构体量。如果我们从渠道和产品属性入手分析，就可以发现金融行业若想打入短视频直播市场，需要翻越两座大山。

第一座大山：倚重传统线下渠道。大多数金融机构，比如寿险企业、券商企业、银行企业，因为长期根植于线下，依靠理财师、投资顾问和代理人（经纪人）的拓展能力拉新促活，存在一定的习惯壁垒，突然将拓客渠道转移至线上对他们而言，存在一定难度。

第二座大山：产品为虚拟物，决策链长。金融行业与其说卖的是产品，不如说卖的是信任。了解金融产品本身需要从业者对用户进行投资者教育，而且大部

分的金融产品标的较大，是需要客户把相当可观的收入交付出来的决策，它需要长时间的积累和认知跨越，并不是所谓的"拍脑门决策"。金融行业从业者切不可用"电商思维"生搬硬套，在线上卖金融产品。另外，很多产品需要定制方案（比如寿险类）、用户核验（比如券商类），这些繁杂的交易程序会导致购买冲动被搁置，最终用户还是会凭借理性思考而非一时冲动做出托付。

总之，行业基因和产品属性决定了金融行业在短视频直播领域的慢热属性，而且金融行业在进入这一市场的过程中需要交学费、走弯路、摸爬滚打……这也是笔者写本书的根本动因，希望金融行业从业者可以少走弯路、轻松上手。

2021年11月，笔者为完成工商管理硕士（Master of Business Administration，MBA）毕业论文，于工作之余拜访了50位来自基金、券商领域的网络营销人员（他们多少都是想做短视频或者已经着手去做的），从访问情况来看，金融行业要想进入短视频直播市场展业，主要面临两大问题（见图1-15）。

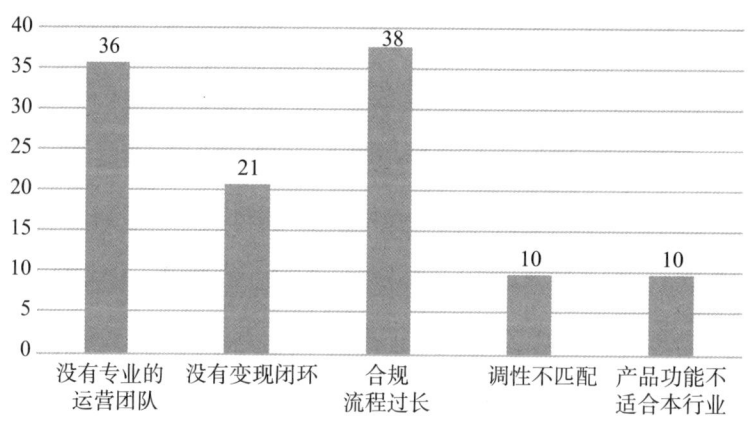

图1-15　金融机构营销人员认为短视频运营存在的核心痛点

资料来源：数据根据2020年11月面向金融机构营销人员的调研问卷所得，样本量为50人（每人可选不止一项）。

其一，没有专业的工作人员沉淀。这是由金融机构的基因所决定的，金融机构已经习惯了直接购买流量，很少沉淀内容、方法论及进行人才储备。其二，金融行业的合规要求增加了沟通成本和内容的审稿阈值。金融行业对于投资者保护、数据准确性、表述中立性的要求，导致有"网感"的稿子在被多维度审视之后，将会失去性格或一些情绪。另外，个别金融机构的合规流程相对传统，也会导致短视频和直播场次很难追得上热点。笔者甚至听说过审稿要经过合规系统，合规人员光是处理流程就需要至少3天的说法[1]。所以，金融机构要想进入这一赛道，可以考虑从以下两点进行突破：第一，让合规人员认可这份工作的价值并主动优化流程；第二，招聘有经验、有能力的人从事相关工作。

可能有人会问，金融行业为什么一定要挤进这个赛道？答案是为了满足现实需要。金融行业的内部竞争十分激烈，据抖音官方统计数据，2021年1—10月，金融企业号数量相比2020年增加了43%[2]。如果再晚一些入场，可能同行已经练就一身本领，你仍孑然一身，交的学费和面对的流量单价将更高。

若我们不谈平台、流量以及自身，只看外部宏观环境，形势同样十分严峻，具体表现在以下两个方面。

一方面，线下渠道效能在衰退、老化。2020—2022年，已有6280家商业银行网点关停，在2020年被裁撤的商业银行网点中，国有银行占比最大，比例为37%，股份银行占比为16%，农商银行和城商银行占比分别为27%和8%。据相关业内人

---

[1] 笔者在实际拜访从业人员过程中经交谈得知，大部分金融机构在转变意识之后已经可以做到即时调整，它们甚至会将合规人员派到营销团队，现场跟进办公，使得办公效率大大提升。——作者注

[2] 数据来源：巨量算数，《2021抖音财经内容生态报告》，2022年1月。——作者注

士给出的不完全数据，时至今日，银行线下网点流量已降到每天 50 人，银行做的是全产品业务，由此可见，期货、券商、保险的营业部流量也不会乐观。

另一方面，受新冠肺炎疫情的影响，金融行业的展业客户触点降低。以拜客为触点拓展业务的保险行业为例，2020 年 2 月，保险市场银保渠道新单规模保费同比下降 68.51%，环比下降 79.94%；单月期交规模保费同比下降 58.60%，环比下降 80%。因疫情防控需要，金融行业的线下拜客活动大幅下降，长线客户、复购客户、大额存单客户的开发和经营都面临一系列问题。

综上，金融行业在线下面对双重困局，增长乏力，甚至出现负增长，而短视频和直播市场蕴藏的流量机会更多。因此，金融机构应该把握机会，建立全新的客户拓展渠道和经营渠道，短视频和直播赛场正是其绝佳的创新渠道。

金融行业要想在新渠道、新赛场取得竞争优势，需重点做好以下三项工作。

第一，做好人员升级工作。前文提及，金融行业在短视频领域缺乏人才储备和内容沉淀，所以需要储备人才，做好人才的线上化转型。目前，已经有券商和保险公司在建立自己的"线上团队"，它可以是拥有丰富的线上推广经验的团队，也可以通过把地理位置不优越的营业部人力调到线上，充实效能。从笔者的亲身体验来看，从 2020 年下半年开始，国金、光大、华泰等券商已经开启对内部投资顾问、员工的线上短视频运营专场培训和知识宣贯，随后同行跟上了进程，当前券商行业、保险行业、基金行业的全员营销模式已经说明一切。

第二，提升运营内功。若企业已经能在短视频直播平台上抓取流量，金融行业从业人员要学会建立客户经营触点。作为基础设施提供方，平台不会主动为单个客户定制开发经营触点。每一个步骤的完成，如私信粉丝群成员、私域引导运营，以及如何通过视频让用户找到你、与你建立联系、建立联系之后如何将陌生客户转变为成交客户，再转变成复购客户等，都是需要预埋的经营触点。

第三，守成。金融行业从业人员不要因为营销而脱离了金融展业的本质，最终导致动作变形，对组织造成不良影响。每年的合规分数都十分重要，一旦失分，会造成千万元甚至上亿元的损失。事情要做，金融从业的本分也要守，不能因为想做营销，就见了流量不要命，什么话都敢说，什么事都敢做，最后因小失大。

二、金融行业进军短视频直播赛道现状概览

如上所述，金融行业从2020年下半年开始对短视频直播平台产生兴趣，真正开始有动作大约是在2021年下半年。从笔者接触的证券行业线上展业过程来看，其主要有如下几个动作。

第一，金融行业对短视频直播赛道的重要性已有充分的认识，无须教育。目前，大部分券商、基金利用短视频和直播去获客、活客属于主管电商渠道或零售金融业务的总经理、副总裁的重点战略工程。不是要试，而是要做。笔者就曾多次受邀为金融机构的经管委内部战略拉齐会、中层以上营销战略会、个人金融业务全员会等不同层面的会议做关于短视频直播行业的战局分析及战略分享。

第二，享受过互联网红利或者勇于创新的机构已经有了全员营销动作。像国金、华泰这样曾经享受互联网带来的超速赛道红利的券商，已经开展全员营销动员，不少员工从线下走到台前，建立了短视频和直播账号，逐渐吸纳粉丝。他们一边做着投资者教育的内容，一边为自己更好地展业积累资源。

第三，机构界"名人"率先试水，为机构进入积累经验和粉丝好感度。这类机构以证券界知名的经济学家为代表，他们之前在互联网上是颇有粉丝基础的财经大V，机构的专业身份和多年接触网络言论环境锻炼的网感，使得他们的内容表述更为接地气，选题更贴近用户视角，来到新的平台自然如鱼得水。

第四，先将员工孵化成网红，再让机构号浮出水面。这种战略往往由接地气、生活化的员工号打前站，在他们积累了一定的粉丝基础之后，再为机构蓝V号引荐或导流。这一类型营销战略比较适合小而美的私募基金或者家族办公室。

虽然同时面临难点和赛点，但是乐观的是，大家已经行动起来了，大部分金融机构在2020年下半年进入短视频直播场景，开始探索展业机会。

三、各平台账号扫描数据

笔者在此附上截至2022年1月18日已经建立官方账号的TOP5机构名单（见表1-2至表1-5，个人账号不作罗列），希望可以帮助各位读者定位和卡位。

券商行业各平台账号扫描数据如表1-2所示。

表1-2 券商行业各平台账号扫描数据

a）微信视频号

账号主体	账号名称	账号类型	作品数	获赞数	主要内容
中信证券	中信证券（认证）	总部号	127	10.57万	投资热点解读
国泰君安	国泰君安君弘（认证）	总部号	84	1万	投资知识
国海证券	国海证券（认证）	总部号	147	7120	投资知识
恒泰证券	恒泰证券微服务（认证）	总部号	75	5463	热点解读

b）抖音

账号主体	账号名称	账号类型	粉丝数	作品数	获赞数	主要内容
东方财富	东方财富（蓝V）	总部号	206.6万	1169	199.3万	图文热点解读
	东方财富证券投资咨询（蓝V）	分支机构号	28.9万	93	72.7万	混剪股市段子
	东方财富投资咨询服务（蓝V）	分支机构号	16.1万	324	11.4万	混剪股市段子

（续表）

		抖音				
账号主体	账号名称	账号类型	粉丝数	作品数	获赞数	主要内容
首创证券	首创证券（蓝V）	总部号	36.8万	108	293.6万	热点解读+投资知识
兴业证券	兴业证券（蓝V）	总部号	23万	417	44.8万	热点解读
恒泰证券	恒泰证券（蓝V）	总部号	15.6万	205	46.3万	投资知识
	恒泰证券投教基地（蓝V）	总部号	1178	43	341	投资知识
银河证券	中国银河证券（蓝V）	总部号	46.4万	113	27.6万	投资知识

c）B站

	B站				
账号名称	账号类型	粉丝数	作品数	获赞数	主要内容
东方财富（蓝V）	总部号	3.2万	545	5.54万	市场热点解析
华泰证券行知	分支号	5.1万	100	7.66万	大咖讲解财经热点
国金证券	总部号	1.90万	661	4.48万	财经热点解读
中金财富	机构号	1.52万	63	7690	热点话题解析（动漫+口播）
广发证券	机构号	670	2	3.2万	热点解读

d）快手

	快手			
账号名称	账号类型	粉丝数	作品数	主要内容
兴业证券（蓝V）	总部号	16.54万	394	同抖音
恒泰证券（未认证）	总部号	12.73万	382	同抖音
东方财富（蓝V）	总部号	19.36万	699	同抖音
国信证券（蓝V）	总部号	10.4万	232	金融理财口播

基金行业各平台账号扫描数据如表1-3所示。

表1-3 基金行业各平台账号扫描数据

a）微信视频号

微信视频号					
账号主体	账号名称	账号类型	作品数	获赞数	主要内容
富国基金	富国基金（认证）	总部号	518	18.9万	投资知识+品牌宣传
华夏基金	华夏基金（认证）	总部号	281	16.7万	品牌宣传
南方基金	南方基金（认证）	总部号	336	7.14万	投资知识
广发基金	广发基金（认证）	总部号	190	1.52万	投资知识+品牌宣传
恒天明泽基金销售	恒天银杏理财（认证）	总部号	666	9.57万	投资知识

b）抖音

抖音						
账号主体	账号名称	账号类型	粉丝数	作品数	获赞数	主要内容
天天基金	天天基金（蓝V）	总部号	47.4万	607	122.1万	热点解读+投资知识
广发基金	广发基金（蓝V）	总部号	44.1万	192	83.6万	投资知识+模拟案例
陆金所	陆金所（蓝V）	总部号	42.3万	330	53.5万	才艺展示+投资知识
天弘基金	天弘基金（蓝V）	总部号	42.8万	93	71.3万	热点解读+投资知识
	天弘基金App（未认证）	总部号	411	8	131	未持续经营
华夏基金	华夏基金（蓝V）	总部号	25.0万	225	122.2万	热点解读+投资知识

c）B站

B站					
账号名称	账号类型	粉丝数	作品数	获赞数	主要内容
陆金所官方账号	总部号	1.99万	85	4.39万	小剧场
华夏基金官方账号	总部号	2217	53	1263	大咖讲解财经热点

（续表）

B 站				
账号名称	账号类型	粉丝数	作品数	获赞数	主要内容
易方达基金	总部号	6850	124	447	财经热点解读
创金合信基金	总部号	474	181	751	热点解读+宣传片
且慢财经（盈米基金）	总部号	3817	128	6088	热点解读

d）快手

快手				
账号名称	账号类型	粉丝数	作品数	主要内容
天天基金（蓝V）	总部号	30.31万	612	同抖音

银行行业各平台账号扫描数据如表 1-4 所示。

表 1-4　银行行业各平台账号扫描数据

a）微信视频号

微信视频号					
账号主体	账号名称	账号类型	作品数	获赞数	主要内容
招商银行	招商银行（认证）	总部号	847	49.36万	品牌宣传
中信银行	中信银行（认证）	总部号	292	3.56万	理财知识+品牌宣传
广发银行	广发银行（认证）	总部号	78	6.47万	品牌宣传
平安银行	平安银行（认证）	总部号	1154	18.61万	理财知识+品牌宣传
中国银行	中国银行（认证）	总部号	90	11.16万	品牌宣传

b）抖音

抖音						
账号主体	账号名称	账号类型	粉丝数	作品数	获赞数	主要内容
中国银联	中国银联（蓝V）	总部号	319.6万	333	1266.9万	小剧场+动漫
	中国银联95516（蓝V）	客服号	21.1万	93	60.1万	小剧场
	银联安徽（蓝V）	分支号	14万	69	64.3万	宣传片+小剧场
	银联黑龙江（未认证）	分支号	18.2万	147	75.3万	宣传片+小剧场

（续表）

			抖音			
账号主体	账号名称	账号类型	粉丝数	作品数	获赞数	主要内容
招商银行	招商银行（蓝V）	总部号	312.6万	367	1519万	形象才艺+小剧场
	招商银行信用卡（蓝V）	卡中心号	100.3万	149	750.8万	形象才艺+小剧场
	招商银行信用卡App（蓝V）	总部号	190.3万	519	503.3万	小剧场+形象才艺+投资知识
中信银行	中信银行信用卡客服（蓝V）	卡中心号	110.2万	306	1481万	职场+形象
	中信银行（蓝V）	总部号	66.5万	379	132.7万	小剧场+宣传片
	中信银行信用卡（蓝V）	卡中心号	13.2万	128	81.4万	小剧场+用卡知识
网商银行	网商银行（蓝V）	总部号	149.6万	85	865.6万	小店故事
广发银行	广发银行信用卡（蓝V）	总部号	91.2万	160	225.3万	小剧场+用卡知识
	广发银行（蓝V）	总部号	3.6万	123	3.2万	宣传片

c）B站

	B站				
账号名称	账号类型	粉丝数	作品数	获赞数	主要内容
招商银行官方账号	总部号	44.29万	562	160.52万	形象+小剧场
招商银行App	总部号	12.72万	46	71.77万	形象+萌宠
招商银行信用卡	卡中心号	9.56万	30	32.86万	动漫
平安小财娘	总部号	11.63万	86	72.48万	二次元+萌宅
平安银行	总部号	7.32万	12	48.15万	玩梗+理财知识
中国银联官方（认证）	总部号	5.64万	65	21.18万	财经热点解读
中信银行信用卡客服（认证）	卡中心号	3.96万	66	34.43万	才艺展示
宁波银行信用卡中信（认证）	卡中心号	3817	128	6088	热点解读

d）快手

账号名称	账号类型	粉丝数	作品数	主要内容
快手				
中国银联（蓝V）	总部号	25.91万	306	同抖音

保险业各机构平台账号扫描数据如表1-5所示。

表1-5 保险业各机构平台账号扫描数据

a）微信视频号

账号主体	账号名称	账号类型	作品数	获赞数	主要内容
微信视频号					
众安保险	众安保险（认证）	机构号	170	3.92万	品牌宣传
中国平安	中国平安（认证）	机构号	89	27.85万	品牌宣传
微保	微保（认证）	机构号	333	19.21万	保险知识
水滴保	水滴保（认证）	机构号	100	3126	保险知识

b）抖音

账号主体	账号名称	账号类型	粉丝数	作品数	获赞数	主要内容
抖音						
众安保险	众安保险（蓝V）	总部号	402.27万	435	1001.56万	小剧场
	众安保险用户故事（蓝V）	总部号	129.07万	106	240.78万	小剧场
	众安保险严选（蓝V）	总部号	17.82万	120	296.7万	保险知识
	众安保险专属直播间（蓝V）	总部号	10.5万	48	5.1万	保险知识
多保鱼	多保鱼保险（蓝V）	总部号	354.8万	3244	622.7万	保险知识
	保鱼君（蓝V）	总部号	89.4万	442	300.7万	保险知识
	多保鱼小助手（蓝V）	总部号	82.8万	639	220.6万	保险知识

（续表）

账号主体	账号名称	账号类型	粉丝数	作品数	获赞数	主要内容
抖音						
微保	微保（蓝V）	总部号	259.6万	525	907.8万	保险知识
	微保理赔故事（蓝V）	总部号	107.1万	309	410万	小剧场+保险知识
中国平安人寿	中国平安人寿（蓝V）	总部号	232.6万	612	300.1万	品牌宣传
深蓝保	深蓝保（蓝V）	总部号	270.5万	919	695.3万	保险知识

c）B站

账号名称	账号类型	粉丝数	作品数	获赞数	主要内容
B站					
平安人寿	总部号	9.18万	303	38.66万	品牌宣传
深蓝保	总部号	9.10万	51	16.49万	保险知识

d）快手

账号名称	账号类型	粉丝数	作品数	主要内容
快手				
深蓝保	总部号	123.18万	237	保险知识
深蓝保科普	总部号	2.29万	18	保险知识
水滴筹官方账号（蓝V）	总部号	73.79万	914	大病众筹
水滴保-直播中	总部号	20.391万	10	保险知识
平安人寿	总部号	20.53万	555	品牌宣传
众安保险	总部号	299.2万	335	小剧场+保险知识
多保鱼保险（蓝V）	总部号	9万	156	同抖音
多保鱼小助手（蓝V）	总部号	2.56万	94	保险知识

通过对平台上机构账号发展情况进行扫描，我们可以得到如下阶段性结论。

1. 从媒体平台的角度看

（1）金融机构入驻率：抖音＞视频号＞B站＞快手。

（2）粉丝量规模：抖音＞快手＞B站＞视频号。

（3）B站的内容类型和其他几个短视频平台有明显的区别，不适合"一鱼多吃"的分发策略。

（4）视频号的内容品牌宣传成分较高、内容较杂，垂直度不如其他平台。

2. 从金融机构的角度看

（1）短视频赛道参与深度：保险＞银行＞证券＞基金。

（2）保险公司更倾向于展业、获客，抖音、快手的覆盖率较高，主要提供知识类内容。

（3）银行和基金更倾向于开展品牌宣传，内容上侧重剧情类。

（4）新媒体经营得较好的机构具有全方位优势，于多个平台都位于第一梯队。

3. 从内容类型的角度看

（1）投资知识、投资者教育是金融机构内容类型的主流，其后是剧情类和才艺展示类。

（2）对投资者要求较高的内容，输出内容类型以金融知识为主；对投资者要求不高的内容，输出内容类型以容易获得好人缘的剧情类和形象才艺类为主。

第二章 02

金融短视频算法及平台特征

若论短视频平台和过去的内容平台有何不同，我想到的第一个词是"单双列信息流"。它不仅代表了一种页面展现形式，而且消除了从纸媒时代沿袭下来的"媒体资源位"概念，取而代之的是千人千面的"人工智能推荐制算法"。单双列信息流与所谓的古典互联网媒体是"向左走、向右走"的关系。

- 资源版面型互联网新媒体（以门户网站、中长视频平台为代表）：此类平台如果有位置，就意味着资源分配的中心化，具体表现有编辑意志、版面购买、收入天花板等；一小部分人创作内容，普通用户消费内容；PGC[①]、OGC[②]的机会更大，草根创作者不易一夜爆红。
- 算法推荐制下的短视频平台（以抖音、快手为代表）：此类平台颠覆了中心化分发机制，人工智能代替编辑意志赋予创作者机会；信息流是无穷无尽的，没有首页、二级页面这样的层次概念；PGC、OGC、UGC[③]公平竞争，草

---

① PGC：专业人士输出内容（Professionally Generated Content，PGC）。
② OGC：职业生产内容（Occupationally Generated Content，OGC）。
③ UGC：用户输出内容（User Generated Content，UGC）。

根内容更容易出圈和一夜爆红。

对于创作者而言，在明确自己的机会之后，首先要做的是创作出顺应算法推荐制的内容。

第一节　如何理解短视频算法

算法是个"黑盒子"。对任何一家互联网公司而言，算法都是核心资产，不可外传，但是对创作者而言，不知道算法公式也没有关系。就好比你只需要知晓交通规则，但是没必要知道城市中每个红绿灯和交警的作息时间——理解算法比知道算法公式更实际。

算法的本质目标是：通过计算用户的行为，给最受欢迎的内容最多的曝光机会。由兴趣相似的人最喜欢的内容构造出的信息流能够无限接近每个个体用户的心智，使得用户在平台上停留的时长增加。这样就创作出一款凝聚了用户规模和用户时长的成功产品，它将具备最大的市场竞争力。在笔者看来，创作者要重点关注以下三点。

1. 算法的审美观

很多人会问，是不是画面精美、主播衣着整齐、拍摄手法专业，作品便会获得更多的推荐机会？我的回答是"不一定"。因为算法是根据用户对内容的行为反馈分配曝光机会的，例如有些广告宣传片看起来非常"高大上"，制作手法也十分专业，但是内容和用户的心理距离太远，被用户认为有些"假大空"，不能让他们提起兴趣，其自然也无法在系统上记录下一个正向数据，便不会被推荐至用户端。

2. 参与打分的用户行为包含主动行为和被动行为

"古典互联网"评价内容的重要指标是"阅[①]、转、赞、评、加粉"数量，每个指标分别对应用户的一个主动行为。在算法推荐制下，被动行为也非常重要，比如完播率，它不需要用户做任何主动行为，用户只要多看一条视频几秒钟，系统就会记录一个正向数据。

3. 每个行为指标都是复杂的多维数据

以完播率为例：大多数人听到完播率这一概念，第一反应是进度条状况，如100分钟的视频看了90分钟，便可被称作完播率达到90%。再想想，100个人里有90个人将视频看完了，是不是也是一种完播率？再深入想想，粉丝群体的完播率和非粉丝群体的完播率，是不是应该被记录成不同系数加权后的完播率……每一个指标都是复杂的多维数据，不是单纯的数据增长就代表成功，指标的多维性会持续鞭策内容创作者推出内容优质的作品。

在理解以上三点后，你可以将下面这句话牢记于心：算法赋予一条短视频的曝光机会，等于用户对这条短视频主动及被动行为的参数加权总和。

这句话有点绕，但常读常新。

去粗取精，要义在于做好内容。

[①] 这里的"阅"是指用户在看到标题后，觉得感兴趣而进行的主动点击，会被系统记录为一个阅读动作。——编者注

第二节　如何理解推荐制

如果说算法决定了一条短视频可能获得的流量机会,那么推荐制就是那个不断给机会的过程。我们可以把推荐制理解为开展层层选拔的短视频选秀PK,一轮比一轮的舞台更大,参与打分的评委也更多。

当一条短视频被发布后,它首先会进入一个初始流量池,如果这条短视频的用户行为数据参数得分比同期的短视频更高,那么系统就会为它增加推荐,它将进入下一级流量池;若打分又处于上游,系统则为它增加推荐,直至它无法胜任推荐,败下阵来(见图2-1)。

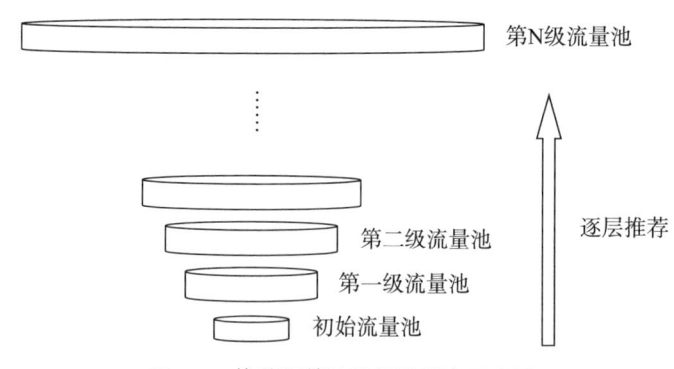

图 2-1　推荐制算法流量池概念示意图

理解了推荐制，你就知道为什么那些一夜爆火的短视频没有"流量天花板"了吧？它与账号本身的基础粉丝量关系不大，仅与作品的内容质量密切相关。即便你不是这个账号的粉丝，只要刷到了这条视频，贡献了行为数据，也可以帮助它进入下一级流量池。抖音平台某些创作者才刚发布几条短视频就一夜爆红，单条爆款视频贡献了几百万的点赞量和几十万的粉丝增长数据，原因就在这里。

笔者见过的播放量最高的作品是一条一镜到底的探访豪宅类短视频，抖音后台显示其播放量在 24 小时内达到 3.6 亿，点赞量为 200 多万。在发布这条视频时，作者的粉丝量仅为 200 万左右，这一条视频的点赞量便高于作者的总粉丝量了。这印证了曝光量和粉丝量之间不存在稳定的数量级比例关系。笔者在此想要强调的是，这条视频的时长长达 6 分钟，说明对于短视频而言，短小精悍不是最重要的，拥有优质的内容才是最重要的。

第三节　短视频平台特征及代表账号扫描

目前，短视频平台的竞争形势是：抖音、快手强者当道，视频号、B 站奋起直追，小红书颇有"黑马"之势。在笔者看来，每个 IP 都有其适应的第一平台，每个平台也都有其明确的优势和不确定性。如果用推荐制、运营策略、优势、重点关注点几个指标来给各个短视频平台做个体检，情况大致如下。

一、抖音

平　　台：抖音。

推 荐 制：全人工智能机器算法推荐。

运营策略：强者恒强，爆款为王；需要假设用户和平台上的作品是第一次见面。

优　　势：6 亿 DAU，流量巨大；适合获取增量用户和提升影响力。

重点关注：审核最为严格，但是最公平；私域封锁最严格，但是池子足够大。

关于抖音的很多平台特色前文已经做过阐释，笔者在这里想要特别解释的是运营策略中的两个关键点。

1. 强者恒强，爆款为王

大部分人在进行短视频创作时会使用惯性思维，认为每一条视频都是木桶的一块板子。要想账号火起来，根据木桶效应，创作者会本能地思考应该去补救那些不好的短视频，比如借助一下 Dou+（一种为抖音创作者提供的视频加热工具），蹭蹭热点话题，甚至每次出现不佳数据时都去复盘为什么不好，等等。其实，基于上述层层扩大的流量池概念，优质内容是遵循"强者恒强"逻辑的。创作者的预算和精力应该被用在推广优质内容上，只有优质内容才更有可能成为爆品，进入下一级流量池，帮助创作者增粉、变现。

所以，做短视频的逻辑是：要用爆品思维去做每一条视频，只复盘最终成为爆款的那条短视频，持续复制爆款经验，提升爆款比例。

2. 把用户当成陌生人相处

和订阅制的先进账号主页再进具体作品页面模式有很大不同的是，抖音短视频是单列信息流。即前面那条不是你的作品，后面那条也不是你的作品，所以制作所谓的上、中、下集系列节目并没有意义。创作者需要通过一条视频体现一个独立的逻辑，一步到位地将用户吸引住，之后用户才有可能对创作者感兴趣，进入他的主页，看到内容的系列性。

简而言之，创作抖音短视频就好比是找工作时的面试，重要的是给对方留下一个深刻的印象。人格特性、表达方式、特殊经历、过人之处等都是重要的记忆点,唯独不重要的是创作者是谁,所以创作者不要把时间浪费在自我介绍上[①]。

抖音平台有着让创作者时常不能理解的极其严格的社区安全策略,为什么抖音的审核规则和私域导流封锁那么严格?

第一,审核规则严。大部分财经作者在抖音平台上过得都不舒服,因为平台的审核规则很严,已经拍好的视频总会有几个不能过审,这本质上源于平台的生态保护目的。抖音是短视频中的先锋,其生态也是最成熟的,它已经进化到用社区和内容治理去促进生态繁荣的阶段。试想如果规则不做到最严,在生态已经如此繁荣的情况下,势必会有大量的创作者钻空子,在平台上教唆、诱导用户。最终受伤害的既是用户,也是平台。

第二,私域导流封锁得严。所谓的不让引流外链,限制用户守在自己的平台上,并不是平台格局小。本质上,一个平台的审核和私域导流封锁严格程度与它的产品机制有关,算法推荐制一定比版面资源型的平台更严格,其中蕴含一个法理问题,如果用户看到的内容对用户造成了危害,且内容是由平台推荐的,那么平台负有连带责任,在引入外链方面也是一样,为了保证控制的有效性,平台会尽量不让用户被外链带到自己控制不住的地方。

总之,在变得更优秀、更有责任心的自驱力的引导下,走在短视频赛道前列的抖音成为社区规则最严格的平台。

抖音上的金融财经类账号中,有三种典型值得大家参考、学习。

- **财经脱口秀类账号**。代表账号为"直男财经",粉丝量为1307万,它常用轻松幽默的方式解读财经热点。前台主播直哥的演绎与节奏紧凑、拥有层层转

---

① 笔者常看到金融机构主播在短视频开头花费20多秒时间介绍自己是谁、主攻方向是什么,令人扼腕。——作者注

折的脚本配合默契，相得益彰。尽管是固定机位的单人口播，但是直哥的嘴和眼睛都在表演，语气、语态张力很大，枯燥的财经新闻在他的表现下变得妙趣横生。这样的演绎方式非常适合短视频这种"富媒体"，用户一刷到他，会发现事情是自己关心的，表现形式是生动有趣的，解读是专业、通俗、有深度的，该类账号自然会受到欢迎。

- **经济学者分享类账号**。该类账号的创作者常抛却烦琐的专业术语，视频话题从百姓的柴米油盐到国际宏观局势，无所不谈。笔者通过观察发现，该类账号粉丝域非常宽，笔者东北老家楼下卖榛子的大爷也经常分享该类账号发布的内容。

- **创意新知类账号**。除了粉丝增长、播放量增长这些运营向的维度，独创性也很重要。该类账号的独特句式在抖音上引领了家庭微剧场风潮，一批后来者横空出道、纷纷模仿，但是只得其表、未得其里。笔者通过观察发现，这类账号的成功，根本上源于人设的合理性、选题的精准性、文案的深入浅出，且这类账号非常重视与用户之间的互动。笔者建议读者朋友们点开这类账号的评论区，亲身领略一二。

（注：以上粉丝量数据统计截至2022年1月22日）

二、快手

平　　台：快手。

推　荐　制：人工智能推荐，双列信息流呈现。

运营策略：直播观看人数较多；针对财经类作品的运营策略与抖音相应策略相似。

优　　势：流量池很大，"老铁"[①]忠诚度高。

重点关注：相对抖音，下沉用户较多。

快手有浓厚的"老铁"文化，而且用户具有观看直播的消费习惯。很多大V反馈，在快手开直播感觉自己很有人气，"老铁"们互动的积极性也高。如果你的直播能力很强，表达方式非常接地气，容易圈定一部分忠实直播用户，那么我建议你考虑入驻快手平台。

从第三方给出的平台代表账号看，财经类IP方面，快手与抖音的头部大V重合度非常高。可能大家在排名上略有不同，但是快手平台基本没有仅属于快手的金融类短视频大V。

在快手上，创作者还可以考虑某一特定类型内容的适应性。比如一、二线地区以外的下沉地区的房产类内容，还有针对社保、医保等问题的保险类话题，都是对用户价值较大、可以被开发出流量红利和商业价值红利的内容。有的创作者主要创作房产方面的内容，在粉丝不多的情况下实现超强转化（1年内房产销售额达到10亿元）[②]。

三、B站

平　　台：B站。

[①] 老铁：网络流行词，"老铁"一词来源于东北方言中的"铁哥们"，是对哥们的别称，类似于该称呼的还有"铁子"等，形容亲近、值得信任、像铁一样坚固的关系，比喻朋友之间的感情非常好。该词多见于网络直播交流中，此外，还有"扎心了老铁""老铁没毛病""抱拳了老铁""老铁双击666"等衍生词语。——编者注

[②] 出自快手和第一财经商业数据中心（CBNData）联合发布的《2021短视频直播斜杠职场人图鉴》，2021年5月。——作者注

推 荐 制：资源位推荐＋兴趣算法推荐。

运营策略：相对于"怎么做"，更侧重"为什么"和"是什么"；充分融入社区氛围，能够使用"黑话"，玩梗，秀智商。

优　　势：用户年轻、质量高，适合被用来提升平台影响力；行业认可度高。

重点关注：相较抖音与快手池子有限；需要关注普通分发问题。

B站在知识博主心中有着特别的地位（财经版块也是B站主打的知识领域之一）。B站以二次元内容社区起家，有着强大的社区氛围护体，能让大量互联网原住民迅速找到归属感，这部分在互联网知识氛围下长大的UP主们在成长后又反哺了这个平台，将氛围和破圈两件事做得超越预期。

身为B站创作者是有"光环的"，这种光环体现在年轻圈层和垂直圈层之中。比如笔者某个做二线风险投资总监的朋友，曾经废寝忘食地做着B站UP主，只为在行业里有一个简历背书。他的原话是："如果我在B站拥有5万以上的粉丝，圈子里的人将对我刮目相看，去红杉、高瓴这类一线机构谋职时，就可以谈个总监头衔。"

在B站，如果想适应平台，创造有流量的内容，建议加强"为什么"和"是什么"类的知识输出。UP主的竞争在于知识的广度和深度，也正因为如此，实用、接地气的"怎么做"的市场可能并不广阔，比如"投资技能"类内容。

以B站为代表的社区平台在破圈的自我审视和突破过程中，一向敏感坚定，在需要用户新鲜血液和商业模式的驱动下，内容将无所谓高低先后，统一面向大众、接受检验。

四、小红书

平　　台：小红书。

推 荐 制：位置推荐+兴趣推荐。

运营策略：由人设带动，无明显垂直性；适合种草类内容和经验分享型内容。

优　　势：用户消费意愿高；存在流量红利；适合流行投资品，如基金、保险等。

重点关注：IP类型受限，人设必须光鲜。

小红书一直在努力破圈，尤其是在财经领域，一方面，它代表了虚拟产品的最佳商业模式（知识和金融）；另一方面，它又代表了小红书亟须抓住的潜在群体——男性。小红书一旦在财经领域走出特色并做好基建，无疑会在虚拟商品和男性市场上获得双向突破。所以从平台的发展意愿来看，小红书是有一定野心的。

从目前的小红书生态来看，头部作者以人设见长，有一些明显的"女性人生赢家"的痕迹，如学历、家世双优，金融从业经历丰富，有着出色的品位和生活情趣，家庭事业均经营得很成功……如果你的人设贴合上述标准，那么在小红书迅速打开局面是很有可能的。但要注意的是，和抖音、快手内容的垂直性不同，小红书的平台生态适合做人设的多元化展现，创作者若将生活、工作、专业等方面特点都展示出来，会吸引更多粉丝。小红书毕竟是一个社区，它由兴趣和人群串联。

在金融的带货品类方面，小红书比较适合基金、保险、银行理财这样的"流行投资品"[①]。如果你有想推销基金、保险、银行理财的朋友，可以认真关注小红

[①] 这是笔者的个人观点，这几类金融产品有明显的"种草"特性，人际口碑传播和抄作业式跟随行为表现得比较明显，近几年的推广和用户购买特性很像是某种流行商品，故笔者将其称为"流行投资品"。——作者注

书上的商业机会。

五、微信视频号

平　　台：微信视频号。

推 荐 制：关系链推荐＋机器推荐。

运营策略：私域有积累的作者会率先领跑；大众类话题会率先领跑。

优　　势：生态闭合，更适合私域精细化经营。

重点关注：内容生态的爆发奇点还未到来，需要有一定的时间积累。

视频号搭建在微信这样一个以社交为主的关系链生态之上，我们很难从外部观察其真实的生态发展速度和重点时间点。从第三方视频号财经创作者榜单上，目前很难看出视频号财经生态的发展轨迹和作者特性，上榜的作者大多来自以下几个方面。

- 微信粉丝量基础好的财经大号。
- 私域沉淀较好的线上商学院或读书会。
- 其他平台头部作者在视频号上做的二次分发。

如上所述，视频号的生态还处于快速发展阶段。因关系推荐制和微信生态基础存在一定关系，私域沉淀较好的创作者具有领跑优势，可以持续经营私域甚至迎来破圈奇点。过去在微信粉丝群、企业微信群内出现过的付费直播、圈子直播、粉丝福利裂变等依然可以重现江湖，只不过形式从过去的语音类直播变为短视频类直播。

笔者认为，创作者们可以持续关注视频号的用户使用时长，在该值逼近抖音与快手之际，便是视频号成功之际。

表 2-1 对本节内容进行了简要补充，可供读者参考。

表 2-1 各短视频主流平台用户规模及人均单日使用时长

主流平台	微信视频号	抖音	快手	小红书	B 站
广告语	记录真实生活	记录美好生活	拥抱每一种生活	标记你的生活	你感兴趣的视频都在 B 站
用户规模	MAU12.6 亿（微信）	MAU6.7 亿	MAU5.7 亿	MAU2 亿	MAU2.7 亿
人均单日使用时长	35 分钟	125 分钟	120 分钟	47 分钟	88 分钟

资料来源：QuestMobile、新榜、视灯数据，西部证券，截至 2021 年 5 月[①]。

综合前三节内容可知，对短视频直播这样一个新领域而言，笔者建议创作者树立全面理解算法和推荐制的意识，这是一个和过去以位置推荐为特征的"资源位型互联网平台"逐渐告别的时代。算法推荐制如同一双"看不见的手"，指挥着创作者迭代内容的表达方式、文本结构、人设定位。

各个平台都有其优势和特色，从新媒体传播的本质而言，创作者应着重思考平台是如何构建它的用户和作者之间的关系的，比如其是封闭的还是开放的，平台的基因是兴趣社区还是信息聚合地，这些都会成为平台游戏规则的发动机。

最后，笔者认为，创作者不仅要埋头做内容，还要关注整个新媒体领域平台的迭代方向，以及人们消费信息习惯的迭代方向。要抬头看路，才会事半功倍。比如数字人主播、快速生成短视频编辑器等新兴产品都可能成为未来的革命性奇点。创作者除了要调整自己的节奏，还要顺应互联网时代的节奏，跟上变化的脚步。

---

① 该数据为公开可见最新数据——作者注。

第三章 03

金融类账号突破冷启动实操方法

第一节　何谓冷启动

通俗地讲，账号冷启动就是一个养号[①]的过程。冷启动的目的是让系统知道你的账号是一个活跃度很高的"真实用户"，它与机器号、营销号[②]不同，从而帮助你打造你的初始关系网，为后续账号作为"创作者"打下基础。

一、账号的冷启动时期

我们通常把账号的冷启动时期分成两个阶段。

第一阶段：系统学习期。

在学习期，平台会学习什么样的人有可能关注此账号，也会给初始账号分配不同的用户类型，然后根据用户对内容的反馈，逐渐学习用户的喜好，从而将一部分内容精准地推荐给可能对其感兴趣的用户。

通常，在建立一个账号的前期，视频的曝光量是很有限的。在我发布前三个

[①] 养号：即增加账号的正常用户行为，如模拟真人行为，以便维持账号的稳定性，提升账号的活跃度与权重，使账号有机会得到更多系统推荐。——编者注

[②] 营销号：指一类自媒体。该类自媒体主要以流量或利益为目的（免费和分享不是主要目的）开展写稿、创作、发布等活动。——编者注

视频时，我的曝光量可能只有 200～500，多则上千。

在这个阶段，平台给曝光量的用户一般是一些刚刚注册的新用户，或者说是一些没有购物记录的低客单用户，这部分用户可能来自同一座城市，彼此认识或者可能认识，这些人形成了第一个流量池。

在系统学习阶段，创作者需要进行四个方面的操作：一是注册新账号，一个身份证认证一个视频号，避免频繁地登进登出，否则会有涉嫌营销号的问题；二是完善账户基本资料，包括背景图、头像、账号ID、账号简介等；三是做好账号人设定位、内容定位；四是同步做好养号准备。

第二个阶段：系统评估期。

在这个阶段，系统会评估账号的带货和留人能力，从而进行推流或减流操作。作品在首次曝光时可能被分配到300左右的流量池，二次曝光的流量为多少就取决于创作者输出视频的内容质量如何，输出的视频内容质量与同级视频相比如何，以及互动、点赞、增粉等数据与同期视频数据的比较情况。如果该数据高于同期数据水平，那么平台就会增加视频的二次曝光量。在进行三次曝光、四次曝光时，情况也是如此。如果该数据低于同期数据水平，系统就会减少推荐。总的来说，这是一个赛马的机制。

在系统评估阶段，我们需要进行的操作包括三个方面：一是关注前期发布的短视频的流量变化情况，适当地做一些投放工具的测试；二是利用第三方数据监测平台，找到同类竞品账号并对其进行分析；三是在观测数据变化的同时，关注账号的后台标签，标签打得越垂直，吸引到的用户越精准。

二、冷启动结束的标志

通常来说，判断一个账号的冷启动期是否已经结束，就是创作者在发布一条短视频后，看视频播放量于短时间内有没有超过初始流量。如播放量有所突破，创作者可以对这个短视频进行隐藏操作，然后看粉丝推荐列表里有没有同类别的、由系统推荐过来的粉丝主动关注该账号。如果有，就证明该短视频账号已成功突破冷启动阶段。

直播间实现冷启动突破的一般表现为直播间流量推荐占比大于80%，场观人数[①]为1万～10万。建议主播前期开播时长保证在2小时以上，并于每场直播后做数据的复盘。在目前的抖音平台上，零粉丝、零视频的账号即可开通直播，但是账号若想挂商品橱窗，必须满足粉丝数量超过1000的条件。主播在申请直播后会收到开通直播的通知，之后，他再进行实名认证、绑定手机号并进行授权通信录操作，就可以开始直播了。如果主播讲解的是与财经相关的内容，需具备相关从业资质，并申请开通财经直播认证。

三、异常账号冷启动的方法

异常账号基本上属于老账号，这类账号大部分都是没有人设的剪辑号，或者没有做过直播的短视频号，启动此类账号需主播提前做好账号的人设、标签、内容、商业化规划，并且"人设号"要具备一定的短视频运营和直播能力。此类账号进行冷启动的方法是令账号回归原始状态，以便获得平台的新推荐。

针对异常账号的处理方案主要有以下三种。

---

① 场观人数：即单场直播的总观看量。比如一场直播共计观看量达1万人次，那么场观人数就是1万。——编者注

第一种，停播超过 7 天：创作者可先进行 3～7 天的活跃度操作，再开播。

第二种，关注用户数多：创作者可以先取关一部分用户，或者更改名字、头像，然后换至特殊时间开播。

第三种，直播和同城数据为零：创作者可以通过卡直播广场、逛同城等操作激活直播推荐的数据。

需要注意的是，实施以上方案需要花费相当长的时间，这时创作者要有耐心，先将账号的运营规划工作调整到位，再进行冷启动操作。

四、快手账号如何借助"粉丝头条"实现账号冷启动

"粉丝头条"能够帮助账号在冷启动时获取曝光量，完成账号初期的粉丝积累。创作者在购买"粉丝头条"时可以选择投放时长，该类别共有四个选项：2 小时、6 小时、12 小时以及 24 小时。推荐用户选择 24 小时这种长时间的、稳定的曝光，购买价格会随着展示粉丝数量的增加而增加。

地域性不强的账号，建议选择只在发现页展示即可。创作者在可支配的预算范围内，可以从 5000、10000 到 50000、100000，逐步增加发现页曝光量的购买，从小到大进行投放测试，这样能够满足其适时调整视频内容制作方向的需要。

这一环节有两个要点。首先，封面点击率要控制在 30% 以上，如果创作者在多次购买"粉丝头条"后发现封面的点击率仍然很低，就要考虑更换封面。其次，从视频播放到粉丝增长的转化率若保持在 2% 以上，则说明该条视频的内容质量没有问题，如果低于 2%，则创作者要考虑改变视频内容制作的策略。

第二节 冷启动的关键：找准账号定位

一个账号定位得准确与否，将影响账号的涨粉速度、变现方式以及引流等运营转化效果。以抖音平台为例，在它的算法机制中，内容创作者的账号被定位得越精准、越垂直，账号的涨粉效率越高，获得的免费流量就会越多，最终形成良性循环。在大的公域流量池里，只要内容创作者的账号定位足够清晰、标签打得足够垂直、有足够好的内容做支撑，账号吸引的粉丝便足够精准，进而转换的效果也足够好，账号的单个获客成本将更低。

一、账号 IP 属性和用户属性分析

我们在做 IP 账号定位之前，首先会对这个 IP 的属性和 IP 对应的用户属性进行分析。IP 属性可以被理解为账号的自我解析，具体包括三大属性：一是基本属性，如创作者的性别、年龄、形象、学历、过往经历等；二是人格属性，如特长、穿搭风格、愿景等；三是用户属性，简单来说就是创作者清楚自己的用户是谁，以及输出什么样的内容会得到用户的喜欢和认可。

我们可以从以下三个方面入手分析，一是用户需求，如可靠、有知识干货、

可学习投资、便于盈利等；二是用户画像，如性别、年龄、城市、学历、收入等；三是审美喜好，如严肃、诙谐、犀利等。

值得注意的是，若你是一名创作者，那么你的账号的IP定位必须是"你自己"，而不是你自认为的"我"或者粉丝认为的"我"，这样的人设很容易崩塌，笔者建议IP的人设一定要符合创作者的真实情况。

用户属性，就是账号输出的内容会吸引什么样的粉丝，什么样的粉丝会喜欢账号输出的内容、会和账号之间产生互动与信任关系。

账号主体与用户主体两方面相结合，共同构成解析要点。

二、帮助账号实现精准定位的三大规划

结合上述IP与用户的属性特征，我们可以从以下三个方面入手对账号进行定位规划。

第一，IP的功能价值。即IP是否具备一定的专业能力，输出的专业内容是否可以给用户提供服务，这些服务是否是有价值的。

第二，IP与用户之间的势能关系。即账号与粉丝之间是仰视、平视还是俯视关系。以保险这个赛道为例，其中大部分的IP关系是仰视关系，如"本账号是为用户个人及其家庭提供服务的"。平视的IP关系更像是朋友关系，例如"本账号将跟你说说创作者生活中的经历""同你讲讲与你我息息相关的某些问题或者事件"等。在俯视的IP关系中，账号方一般为行业内的大咖或者有一定社会影响力的公众人物，用户将听IP说的或者按照IP说的去做。值得注意的是，IP与用户之间的势能关系是可以被调整的，但是在调整之前，IP的整个人设定位及内容都需要被重新规划，否则IP人设很容易崩塌。

第三，IP 的个人特色，如其是否具有自信大方、严谨谦逊、温柔贴心等特质。

三、账号定位的 5 个维度

（1）你是谁。你首先要问问自己："我是谁？是首席分析师、基金经理、金牌投顾，还是店小二？"只有先明白自己是谁，才会知道自己能够做什么。

（2）你准备做什么内容。财经类账号的内容一定是与人设定位相一致的，不同类型的账号所做的内容不同，触达的用户类型也不同。如果你是首席投顾或基金经理，你可以输出的内容是对宏观经济政策的解读或对行业板块的投研观点；如果你是证券公司的投资顾问，你可以输出的内容是帮助用户选择股票开户工具、提供投资咨询服务，以及提供财富管理服务等；如果你是某公司的投资顾问，你可以从技术面和基本面入手，谈谈自己对 A 股的分析和看法，等等。

（3）你的目标客户群体是谁。不管你做什么领域的内容，只要你能为用户提供相关行业的资讯，就会有对这一行业感兴趣的用户关注你，他们就是你的目标用户。例如，你在运营某基金公司账号，你的目标客户群体为投资小白，因为相对于其他投资品种而言，基金更稳健，适合刚开始接触理财的人。对证券公司而言，他的目标客户群体可能为有一定投资经验的股民，或者有投资咨询需求的用户。

（4）你能为用户提供什么价值或产品。你需要持续输出对用户有价值的内容或产品，这个内容既可以是对财经热点的解读、干货类教学，也可以是投资方面的建议。只有让大家觉得从你这里能真正有所收获，你的账号才会不断收获新粉丝。

（5）你做这个账号的最终目的是什么。比如你做的是机构账号，那么账号的品牌推广类的需求将更多，不应以短期变现为目标。如果你想做财经达人账号，那么你做账号的初衷可能就是盈利。在运营一个账号之前，你不仅要提前想清楚运营这个账号的最终目的，还要想好这个账号未来变现的方式。

关于账号定位的正确逻辑是：你的 IP 人设定位决定了你的内容文案；你输出的内容文案决定了你的用户是谁；你的核心用户的底层需求决定你输出的产品类型。反之也应该是成立的，也就是说，你输出的产品取决于你的核心用户的底层需求；你的核心用户群体是什么类型取决于你将输出哪些方面的内容知识；你输出的内容知识取决于你的 IP 人设定位。

四、打造人设的方法

在此，我们以 IP 账号定位法为例（见图 3-1），详细介绍一下打造人设的具体方法。

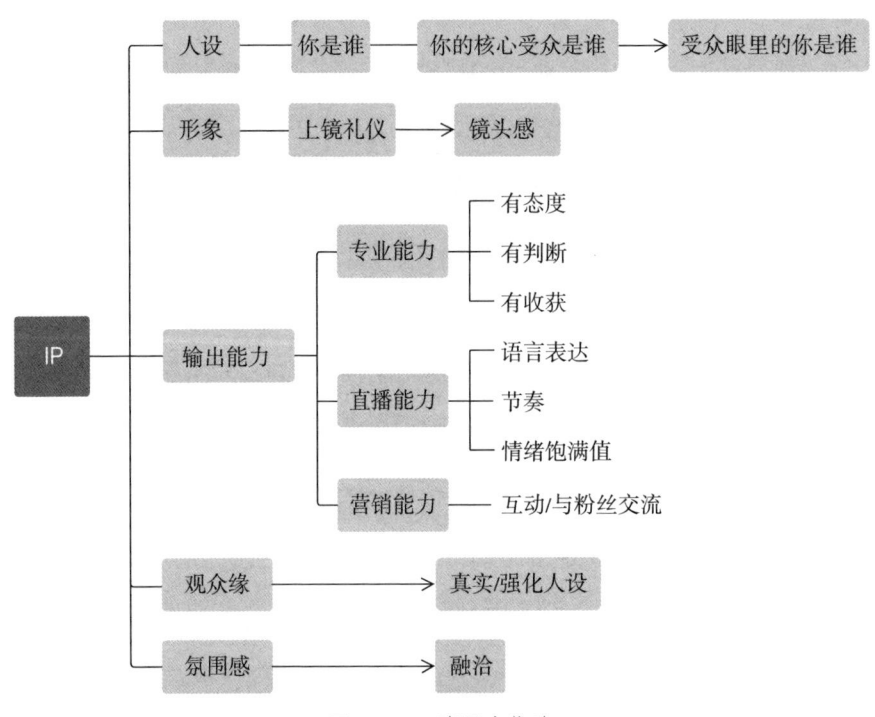

图 3-1　IP 账号定位法

第一，在打造IP人设之前，你要清楚地知道你是谁、你的核心受众是谁以及受众眼里的你是谁。如果这三个问题的答案是一致的，那么你的IP人设就是成立的。如果这三个问题中，有一个答案是不确定的或者与其他两个相悖，那么你的人设就是不成立的。

第二，形象。你给用户留下的印象是一个穿着正式、出入5A级写字楼的职场白领，还是一个穿着普通、朝九晚五的普通从业人员？如果你的人设是服务于To B企业的大咖，那么你应该塑造一个会经常在各大论坛和行业峰会上发表自己的言论和观点的形象。总之，你的形象要与你的人设定位相符合。此外，你还应重视上镜礼仪并培养镜头感。

第三，输出能力。这里的输出能力指专业能力、直播能力和营销能力。专业能力是指你输出的是有态度（重逻辑、多维度、直击主题）、有判断（话题聚焦、数据充分）、有收获（简单明了、通俗易懂、引起共鸣）的言论；直播能力需要你找到想要突出表现的特质，并且不断强化这一特质。这种特质可以是语言表达方式，也可以是直播节奏或者情绪饱满程度等。例如某财经博主输出的短视频内容多为诙谐地解读各类财经相关事件，或者代入不同的投资角色强化某些观点。他的人设为"娱乐财经"博主，因此他无论是在直播间互动时还是在评论区留言时，都会刻意强化这个人设。营销能力需要你与粉丝互动，进行友好交流。

第四，观众缘。观众缘和形象不是完全的正相关关系，直白地讲，假设你长相一般，但打扮得体，人设真实且特征明显，那么你无须粉饰外表、抬高行头，也同样会收获良好的观众缘。以抖音平台的"直男财经"为例，创作者的穿着和背景都非常简单，他经常站着与用户沟通，与用户之间是一种平视的势能关系。值得注意的是，他讲话时的语速、表情十分到位，在表达个人观点时，他的整个五官都在诠释他的特质，以上都使得该账号收获了一大批粉丝。

第五，氛围感，即"我与用户之间的关系是融洽的，我向用户表达的是一个真实的我"。如果你的人设定位、形象以及输出的内容与用户认为的你是一致的，那么双方的关系就是融洽的。

在进行 IP 人设定位时，你还要问自己几个问题：我是谁？我要给用客户看什么？我和别人做的有什么不同？我可以外化的背书是什么？具体如图 3-2 所示。

图 3-2　创作者如何定位自己

以"叶云燕说理财"这个账号为例。"叶云燕"这个名字在保险行业可谓众所周知，她被称为"保险皇后"。她是一位保险从业者，也是从业者中的佼佼者，她为用户准备的内容包括案例讲解（教你买对保险）、销售技巧（保险代理学习篇）、保险小课堂（教你认识保险）和理财涨姿势（教你理财方法）等。视频展示的大多是她出入高档场所的时刻或者成交的大额保单客户。她给用户看的内容与她的人设是相匹配的。她在置顶的几条视频中讲述了个人成长经历，促使用户与她产生共鸣。视频中还介绍了她积极投身公益事业、捐赠十所希望小学等一些弘扬社会正能量的内容，账号头图详细地介绍了她的个人背景。可见创作者在做人设 IP 定位之前，问自己这几个与定位相关的问题十分重要。

当然，个人风格也尤其重要。风格一词听起来比较"虚"，但它是一个账号的灵魂所在，你还应该有不同于其他账号的记忆点，并且你要不断地强化这一记忆点。记忆点可以是一个称呼、一个动作或一个配饰，一个好的背景可以强化你的权威性和信任感，你的风格特质和不同于其他人的记忆点可以让你的用户以最快的速度认识你。

举个例子，某博主最开始塑造的是穿着朴素、接地气的普通形象。他主持时的背景色调单一，在这一阶段，他经常站着介绍一些与财经相关的知识及案例。由此可以看出，他一开始的 IP 定位与用户间的势能关系是平视关系。慢慢地，他坐到了老板台后面，穿着变为职业装，背景也变为在一个非常商务型的办公桌旁，他的惯用语由"我来跟你说"变为"你来听我说"。短短一年间，这个 IP 与用户间的势能关系由平视变为俯视，人设由"财经爱好者"变为"专业财经大咖"，转换得非常成功，这便体现了人设的学问。

第三节　如何养号

做好养号的工作，将让你的账号有一个不错的初始流量。

一、养号的具体操作方式

养号，即把你的账号从一个基础的空白账号做到一个带有某个特定标签的账号。它其实与我们做人设定位、内容是同步的。养号的关键在于维护账号的活跃度和健康度。

活跃度是为了让系统判定你为活跃的用户。笔者建议你稳定且持续地登录账号，若想做财经垂类账号，你可以多看看财经领域的爆款视频、系统推荐的财经直播间，并且在直播间观看的时长要稍长一点，最好还能点赞、发弹幕，与其他用户互动一下。与此同时，你也可以主动搜索一些热门的财经视频和话题，关注一些财经类账号。做这些动作是为了让系统判定你是一个真实的、活跃的、对财经领域感兴趣的用户。待账号被系统判定达到标准后，未来你在做短视频或直播时，系统便会把与你有相同兴趣类型的用户推送给你。这样，你的基础用户池和目标用户就是稳定且垂直的。

健康度是为了让系统判定你是一个正常且安全的账号。当你新建一个账号时，第一，你的账号背景墙需保持美观，不能带有广告和个人联系方式，否则系统会默认你的账号有广告宣传嫌疑，轻则限流，重则封号。第二，你的账号头像和账号的调性、风格需保持一致。财经类账号的头像一般应为正装照，切勿用动物或卡通人物等作为头像。第三，账号昵称尽量不要使用繁体字或生僻字，否则不利于用户检索，昵称也需要和你的账号定位保持一致。第四，个性签名很重要，它代表你的身份特征和可外化的形象，是账号的名片，建议你在刚开始起号时尽量不要带上其他联系方式。第五，如果你在其他平台已有一定用户基础，建议在平台之间做好绑定工作，打通多向通道，吸引更多用户。

养号时的注意事项如下。

- 养号结束后，如果需要修改主页资料，建议一次修改到位。
- 养号阶段不建议开通蓝V，如果开通了蓝V，可以直接在主页上留下联系方式。
- 尽量不要大量删除作品或者在同一时段内大量删除作品，否则账号可能被系统判定出现异常，会被降权、限流。
- 起号阶段，如果你的视频播放量太低，你想隐藏视频，可以分批次隐藏。最好不要一次性、大量地隐藏。
- 在养号阶段，当你观看同类视频时，最好不要秒赞、秒评论、秒转发，否则系统会默认你是一个营销号。建议你每次都在看完视频之后点赞、评论、转发，遵循"个人用户"的使用习惯。
- 尽量不要大量地取消关注，也不要大量地关注其他同类账号。
- 养号期间不要发带商标、水印的视频。平台提倡原创，一旦账号被系统判定为抄袭或者是营销号，轻则被限流，重则直接有被封号的风险。

- 发作品前，你需确认文案中有无敏感词（如涉及政治敏感问题等），如有建议删除，若情况特殊，可将其改成拼音、同音字或者采用其他特殊的形式表达。
- 养号期间不要频繁地私信用户，若私信过多，平台则可能认为你的账号涉嫌导流。

二、如何呈现账号内容

在养号后期，账号可以进行短视频的制作和发布。而短视频的形式多种多样，有真人的、非真人的，真人的分为单人出镜、多人出镜，非真人的可能为动画、文字等表达形式。

在养号之前，你首先应确定该账号视频内容的大方向，是真人出镜还是非真人出镜，然后从大方向下的细分领域，选出自己最终想要尝试的视频展现形式。对此，笔者有以下两个建议：第一，展现形式若已确定，便不能忽左忽右，经过二次剪辑的短视频和口播类短视频若混搭在同一个账号里，会影响推荐精准度，同时也会干扰算法对账号目标人群的学习过程；第二，账号的定位如果是官方号，建议你在养号完成之后做蓝 V 认证，并且发布的内容以品牌宣传类内容为主。如果你想以商业化变现为前提做账号，建议用个人人设号[①]。

[①] 这样做的原因主要有：其一，真人露脸比较真诚，对于金融类产品很重要；其二，从评论区状况来看，剪辑号粉丝围观、看热闹的心态严重，而人设号交流问题的情况居多。综合来看，后者的粉丝质量更高、黏性更大，商业化变现的效果也更好。——作者注

三、如何给账号打标签

标签，就是系统根据你的内容判定你的账号后台的用户属性。注意，这里的标签与传统的媒体频道的概念不同，它指的是相对复杂的多维同频下的算法结论。它可以被"标签"这个词笼统概括，但它并不是单一维度的"标签"。标签的最大作用就是帮助系统描述和分类内容，便于系统检索内容以及将内容分发给具有相同标签的人。

不是所有的财经类账号都带着同样的标签，有时，就连背景音乐也会成为推荐短视频的连接器。以抖音平台为例，其有着独有的算法机制和智能推荐模块，系统会给每个用户与账号贴上标签。如果你喜欢财经类视频，系统就会给你推荐财经类的视频；你发布了作品，抖音平台也会根据你的作品类型给你的作品贴上标签，并将其推荐给其他可能喜欢该作品类型的用户，为你带来流量。账号的内容定位越精准、同频信息越明确，越容易被人工智能算法认知，也越容易获得系统推荐。打标签的具体操作步骤如下。

1. 如何将打标签操作与养号操作相结合

（1）精准定位。一开始，你的账号定位可能并不精准，被系统标签化的过程也十分艰难、缓慢。

（2）养号。养号阶段注意账号、用户行为习惯的垂直度、健康度和活跃度。

（3）深耕于垂直领域。账号需要在平台的财经类垂直领域持续地输出内容。例如，在浏览财经达人账号、财经媒体账号时，你应搜索"股票""基金""投资""新能源板块"等财经类热词。

2. 如何判断账号是否已被标签化

（1）根据系统推荐视频判断。当你在正常浏览视频时，系统不断地给你推荐你感兴趣的视频，那么你的账号可能已被标签化。

（2）根据系统推荐账号判断。你可以打开搜索页面，在"搜索"一栏中，查看系统推荐的账号中有没有"可能感兴趣的人"和"这些账号类型是否有和你同类型的账号"。如果有，就说明你的账号已被打上标签。

（3）可以通过第三方数据检测平台判断。例如，你可以通过蝉妈妈、新抖等平台，查询账号是否被贴有标签以及标签的具体类型。

3. 如何利用标签功能获取精准粉丝

（1）可以被贴"标签"的地方有封面、文案、内容、背景音乐、昵称、个性签名等；标签中可以有一些财经热词，如"投资""私募""上市公司财报""医疗基金"等。

（2）标签的万能公式：地区范围关键词＋精准关键词＋拓展关键词＝你的精准潜在客户的关键词。用户可以通过搜索关键词找到你的视频。

第四节　数据加权破解秘籍

对账号运营人员来说，最重要的就是让自己的短视频适配平台的算法，有效地通过平台的内容审核，以及获取流量用户的推荐和播放。以抖音平台为例，笔者总结出以下方法。

一、基础门槛：如何通过内容审核

1. 内容审核的两道关卡

（1）消重机制。抖音是一个特别注重内容原创性的平台，如果账号发布的视频是平台已有的，那么它被推荐的可能性就会降低很多，情节严重者甚至有被举报、投诉及封号的风险，所以在抖音这个平台上，内容原创是非常重要的。一般来说，消重机制针对通过服务平台（PC端）上传的视频的审核容错率比通过手机端口上传的要小，它其实是平台为支持内容原创性的一个工具。

（2）双重审核机制。它分为机器审核和人工审核两个部分。当你发布了一条短视频，机器首先会对你的内容进行审核，审核你的作品中是否包含违规内容。其次它会通过数据库做一些对比，如果你的内容数据库里没有违规的内容，即可通过机器审核关。你发布的视频有可能进入更大的流量池，迎来更高级别的审核——人工审核。如果人工审核判定短视频内容违规，会按违规程度做相应处理，轻则将作品删除，重则对你进行封号处理。所以内容创作者千万不要碰触平台的违规红线。流量池越大，对于视频内容的审核就会越严格。爆款视频都会经历多维度审核，来之不易，创作者在输出内容时，需审慎考虑价值观、合规素养、舆论影响等各个方面。

2. 人工审核的复杂流程

在人工审核中，内容审核的过程较为复杂，具体包括抽取关键图像、文本和声音进行审核。比如你发了一条视频，系统会抽取视频的关键图像以判定是否有违规内容。图像审核的重点对象包括广告（带有水印的二维码、条码）、公众人物、政治敏感元素、暴力与色情元素、商标、恶心的图像等，还包括图像质量监测（对图像的清晰度、美观度进行审核）。如果平台认为视频内容有广告营销的嫌疑，就会对账号降权、限流。笔者在实操过程中发现很多官方账号曝光量极低，很有可能是其发布的视频存在以上情况。文本方面的审核主要看作品是否存在低质量灌水、低俗辱骂、恶意推广等情况，以及是否包含政治敏感、暴力恐怖、违禁、色情等方面的内容。还会抽取声音部分，将其计入内容语音的综合审查结果。

假设你发布了一条带有话题、文案的视频，系统在对作品进行基础审核后，会将它发布给你的首批用户，再根据首批用户反馈的数据进行分析。如果你的视频数据高于同期的视频数据，就会得到正向推荐，反之则会被减少推荐（见图3-3）。

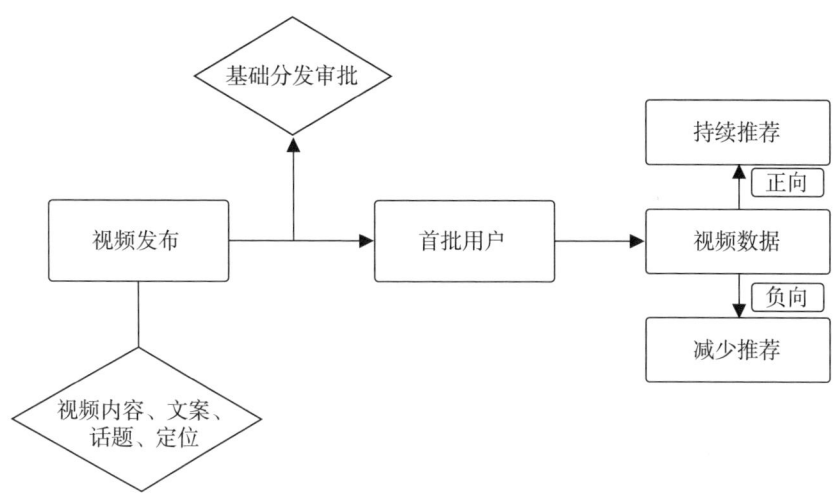

图 3-3　推荐制算法平台的推荐逻辑

二、数据加权：加大流量推荐

通常来说，抖音平台会根据视频数据的 1000 次曝光所产出的数据，结合账号分值分析是否加权。抖音会根据完播、点赞、评论、转发、点击率等指标情况决定是否进行下一步推荐，并决定推荐力度，因此内容创作者要珍惜平台给予的基础推荐流量池，完善以上 5 个指标的数据，争取进入叠加推荐，具体操作有以下 3 点。

第一，重视有可能成为爆款的视频，引导用户点赞、评论和转发。在刚发布作品的 1 小时内，以上数据很重要，它关乎这条视频能否进入更大的流量池。作为内容创作者，你还可以在站内外进行一定的宣传、转发。

第二，在标题或视频的开头、结尾，引导用户完成点赞、评论、转发或看完整段视频的动作。作为内容创作者，你可以设置一些互动问题，引导用户至留言区评论，提升视频的评论量；也可以通过回复用户评论、提炼视频的核心观点等引导更多用户参与话题讨论，进一步提升评论量。

第三，可以提前准备与视频相关的正向评论。在视频发出后，以助理号身份将它们写在评论区，并引导用户围绕这个话题展开更多的互动。

第五节　案例实操：某"保险类"账号的冷启动方法

一、账号冷启动的第一步：进行行业现状及竞品分析

在保险行业万亿市场下，无法高效获客依旧是保险类企业的痛点，可以实现降本增效的互联网渠道进入爆发期。互联网庞大的流量规模，为保险企业的营销及受众选择提供了方便。随着"80后""90后"成为消费主力，用户行为已发生深刻变化，年轻用户伴随互联网成长，也比较信任互联网，保险业需要紧跟互联网趋势和用户行为变化趋势，适时做出改变。

随着互联网巨头企业悉数进场，流量争夺战变得前所未有的激烈，而互联网巨头在流量掌控方面具有绝对优势。字节跳动系拥有巨量的互联网流量，部分保险公司或中介机构通过在该平台上的运营获得百万量级的客户，它们的成功经验值得我们借鉴。

保险行业急需拓宽营销渠道，改变营销方式。一些极端事件暴露了传统营销的弊端。在未来，互联网营销、电话销售将成为主流。

抖音App拥有亿级日活用户，短视频的呈现方式更为直观，受信任程度也更

高,为保险带货提供了较为有利的场景。对抖音用户来说,高额低价、形态简单的保险更受青睐,用户对保险产品的保障功能和价格两项指标最为关注。对消费者来说,高额低价的保险产品更有吸引力,形态简单且价格实惠的意外险、百万医疗险等产品容易成为被推荐的热门产品(见表3-1)。

表3-1 保险产品适宜短视频用户程度

险种	被推荐指数	推荐理由
意外险	☆☆☆☆☆☆	价格便宜,保额高,受众容易接受
百万医疗险	☆☆☆☆☆	借势营销,价格实惠、保额高,适合家庭
重疾险	☆☆☆☆	借势营销,补偿大病后的家庭
定期寿险	☆☆☆	价格低、保额高,适合家中顶梁柱
防癌医疗险	☆☆	价格低、保额高,投保相对宽松,适合老年人
年金险	☆	满足教育需求,能弥补未来养老所需

基于抖音平台账号运营的思路,相关IP账号可通过"内容+运营""直播+运营"的方式,将抖音公域流量转化为精算盘自身私域流量。

抖音平台的保险相关话题内容要么专业、要么有趣,与用户息息相关的内容将更受抖音用户的欢迎。涵盖保险知识科普、保险产品推荐和定制、测评、投保避坑指南、保险报案理赔等售前售后全方位场景,互动效果强、对用户有用的科普类短视频内容更容易被用户喜爱和收藏。我们统计了一下,抖音平台上与保险相关的内容主要有以下4种类型。

- 科普讲解类。这类视频的优点在于采用对话互动形式,观点传达直接高效,用户黏性强;挑战在于对创作者的综合素质要求高,需要专业团队进行垂直输出。
- 场景剧情类。这类视频的优点在于剧情有趣、代入感强,感受直观、易获得认同；挑战在于对创意策划和场景布置的要求高，拍摄成本较高，同时对产品的植入有较高要求。

- 品牌宣传类。这类视频的优点在于制作精良，有利于提升品牌形象；挑战在于制作周期长，技术要求高。
- 图文展示类。这类视频的优点在于制作周期短，成本低；挑战在于互动效果一般，不易获得抖音流量推荐。

相比主体保险公司，保险中介、保险代理人对短视频产业的发展趋势和流量经济的认识更深刻，因代理产品的多元化及其偏互联网渠道的重资金投入，它更容易在抖音平台吸引粉丝。

比较来看，经纪公司基本会通过抖音矩阵账号扩大影响力，保险公司基本是做官方抖音账号。其中，以金融科技为主的机构基本无固定人设，通过口播和编写剧情的方式输出内容；以销售为主的机构基本采用树立专家类固定人设的方式输出与保险相关的知识内容，内容形式以口播方式呈现，专业性强，用户黏性较强；经纪公司以保险科普、产品测评和社会民生内容为主。保险公司主要以品牌活动为主，少数机构增加了理财内容。

二、账号冷启动的第二步：定位账号 IP 人设及内容

做完该账号的行业背景分析与竞品分析之后，就需要对账号 IP 的人设及内容进行定位。在这里笔者要强调的是，账号能不能做到头部，IP 的选定起着决定性作用。金融行业筛选 IP 的标准如表 3-2 所示。

表 3-2 金融行业筛选 IP 的标准条件

内容	评价等级	A	B	C	D	E
金融专业背景	资格证书	基金、期货、证券从业资格证、特许注册金融分析师（Chartered Financial Analyst, CFA）、注册国际投资分析师（Certified International Investment Analyst, CIIA）等	基金、期货、证券从业资格证、CFA 或 CIIA	基金、期货、证券等多类别从业证书	基金、期货、证券等某一类资格证书	无证书
	专业领域影响力	首席经济学家、财经领域资深专家、学者、自带流量的大咖	金融机构首席分析师、投资总监、投资顾问	专业、资深投资顾问	普通投资顾问、非科班出身从业者	普通金融从业者
	从业年限	20 年以上	15～20 年	10～15 年	5～10 年	1～5 年
短视频运营能力	财经内容风格	内容有价值、用户可转移、可套用、可带走	内容有价值、用户有分享欲、收藏欲	内容有价值、有深度	知识枯燥、不实用	知识存在错误
	形象气质	形象气质好、大气、形象佳、风格突出	形象气质较好	形象气质一般	外形可以上镜，但需要包装	可以出镜，但不够有吸引力
	镜头感	非常有镜头感	基本有镜头感	上镜还可以	特点不突出	没有吸引力
	表达力	知识渊博、表达力强	有完整的理论体系、表达力较强	专研某些领域，表达力一般	仅擅长某一领域，表达力较差	无体系，表达力较差
	节奏感	节奏感强	节奏感较强	节奏感一般	节奏感尚可	无节奏感

（续表）

内容	评价等级	A	B	C	D	E
短视频运营能力	语言情绪	语言情感真挚，无违和感，有共鸣、情绪感强	情感真挚，无违和感	情绪稍有违和感	情绪浮夸、强行煽情	无情感
	视频背景	专业棚拍，场景搭建	视频背景干净整洁，有场景感（非专业棚拍）	视频背景固定、单调，光线较差，无杂音	视频背景固定但打光、无杂音，有细小杂音	背景杂乱、光线昏暗，有杂音
	镜头角度	角度刚好，画面基本集中在主播的上半身	角度适中，画面比较和谐	镜头太远，比例不对	人物为半出镜状态	镜头不聚焦、画面不清晰
	表达能力	表达能力强，口齿清晰，逻辑性强，语言幽默	逻辑通顺，角度新奇、能吸引受众	逻辑通顺，表达完整，有口音	表达不符合常理、不贴合生活，语言枯燥	毫无逻辑，表意含糊，不好理解
直播能力	控场能力	控场能力强，节奏感好，引人入胜，直播氛围好	能够吸引受众，直播期间不会冷场	控场能力一般，能保证直播顺利进行	无控场能力	无经验、无互动
	反应能力	反应能力强，能够快速应对突发状况	反应能力迅速	反应能力较好	反应能力一般	反应迟钝

在确定 IP 之后，我们就可以分析账号的 IP 人设定位，具体方法可以参照前文提到的账号定位 5 个维度。

第一，我是谁。如果该创作者是一个从业 18 年的保险精算师，是精算师协会（China Association of Actuaries，CAA）的创始会员，那么从人设上，我们可将其塑造为一个保险行业专业过硬、资历丰富的"大侠"或"守护者"；在势能关系上，虽然以他的资历足够与用户形成俯视势能关系，但是我们对他的定位是平视势能。笔者为"精算盘（国民老徐）"账号设计的人设文案是"你的身边多了一个保险精算师和你做朋友"，考虑老徐喜爱数字与量化投资，我们还设计了一些小物件作为该账号的记忆点，比如古风服饰以及"算盘"等道具。

第二，我准备做什么样的内容。我们把账号内容做成合集，"老徐，我懂了"旨在传播专业知识，陪伴用户，帮助他们避免"踩坑"；"老徐，你何必呢"采用的是直播间高光时刻的剪辑，旨在用心服务每一位客户，帮助老百姓解决购买保险时会遇到的问题，以及教大家如何看保单等。

第三，我的目标客户群体是谁。我们会对目标客户进行分类，从用户对保险这个产品的心智维度出发，从用户的正向需求和抵触心理两个方面分析如何做好保险知识科普工作。

第四，我能为用户提供什么价值。我们首先找到了与之定位相符的对标账号"何××"（金融知识科普类），以及其他科普类账号，类似"××研究所所长"等。这类账号在输出内容时，不强调个人身份，不营销自己的产品，更注重科普知识，结合用户的需求和痛点，直接告诉用户其是否买贵了、买错了、花冤枉钱了，以及是否可能得不到保障等，站在用户的视角为其解决问题就是我们能为用户提供的价值。

第五，商业变现。这里有两个前提：一是拥有丰富的产品库和专业的保险产品理财规划团队；二是拥有成熟的商业化变现链路。但是这个商业化不是指给用户推荐产品，而是给用户制订家庭保障计划。我们一方面想传播保险知识，让用户花最少的钱买最对的产品；另一方面也致力于让用户的理赔之路不再艰难。

三、账号冷启动的第三步：制定起号策略及运营规划

1. 制定起号策略

在制定账号的起号策略时，内容创作者可从以下 3 个方面入手。

- 从进行知识科普做起，采用对话、提问等通俗有趣的科普方式。
- 在账号有了流量后，内容形式方面，创作者可基于知识科普，新增打击乱象类正能量轻剧情，并在故事中穿插保险知识；基于成熟的系统流量模型，创作者可大范围向外开拓市场。
- 在账号有了更多流量后，在内容形式上，创作者可以采用"知识科普＋轻剧情＋直播间"的形式。

2. 制定运营规划

确定起号策略后，内容创作者需制定排期规划（见图3-4）。

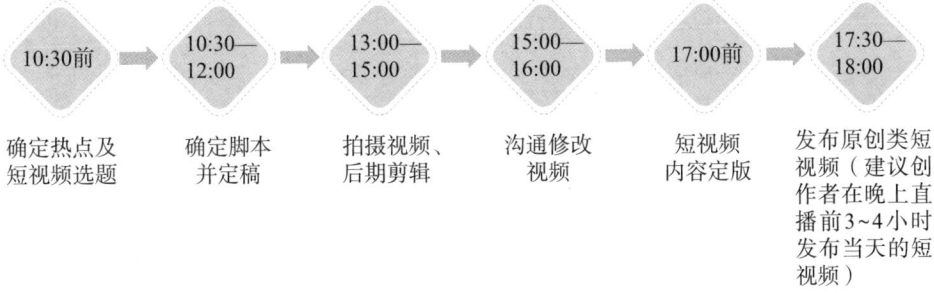

图 3-4　IP 账号短视频运营之发布排期规划

从确定内容脚本、定稿到安排拍摄、剪辑、定版、发布一整套时间轴。发布之后创作者应对视频数据进行分析，进一步确定运营规划。

账号运营工作可被分为三个阶段。

第一阶段是账号准备期。在这个阶段，内容创作者需完成账号菜单的搭建。账号搭建包括店铺开通、合集搭建、主页五大功能装修、蓝V企业号开通等工作。以个人号主页五大功能装修为例，我们会上传10个左右的视频做初期流量测试，每天定时刷同行的抖音号，确定抖音账号形象，直至被后台打上活跃的垂直标签。这一周期为1～2个月。

第二阶段是账号爆发期。内容创作者需做好日常运营工作，具体运营方法包括：①提升点赞量，尤其是视频发布后第一个小时的点赞量，观赞比数据也很重要，观看和点赞的比例越大，作品越容易进入下一个流量池；②提升评论量等互动引导工作极为关键，选择合适的内容文案和评论文案有利于提升评论数量；③提升分享量（转发量），强调内容价值，引导用户将视频转发到外部社群、QQ群、微信群；④提升推荐量，通过视频内容的基础流量加上运营吸引的流量，将视频冲上热门。这个周期为3～6个月。

第三阶段是账号稳步运营期。内容创作者需定期结合时事热点以及用户关心的话题进行直播，在直播间中截取与热点事件相关的话题，输出短视频。与此同时，内容创作者需提前策划每个月的选题，做好素材积累工作，并结合当下时事热点，快速响应，制作与该话题相关的视频。内容创作者必须保证账号的活跃度、垂直度和粉丝黏性，保持账号主页美观、符合用户审美习惯，力求标题和文案能引人入胜，可以留住用户。

第四章 04

金融短视频内容实操方法

在提到短视频内容时，很多人的第一反应都是内容＝脚本，但是笔者认为，内容＝人设＋表达方式＋脚本＋后期包装＋账号氛围，即众多要素合起来才是内容。

第一节　金融类账号人设的树立

人设是内容的重要组成部分。短视频是富媒体，用户看到的不仅仅是文字，所以人设占内容的重要程度可达 30% ~ 40%。创作者选择一个好的脚本，配合人设去修正口吻、姿态，会起到加分效果，将千万级大 V 的脚本交给一个没有经过人设经营的账号去表达，最终一定没有大 V 亲自出马的效果好。

一、各大平台都在追求人格化创作

鼓励人格化表达和创作者的个体性，是平台能够最大限度拉动创作者创作意愿、丰富表达形态的一种内容策略。

人格化表达背后是对 UGC 创作的极大鼓励，UGC 内容的缔造人草根创作者，在视频质量、专业程度上一定不如 PGC 或 OGC 创作者，那么他们自身的护城河是什么呢？答案是个性化。每个人都是独一无二的，每个人的性格、表达、看问题的视角也不同。UGC 表达的出彩之处正在于此，因此新人层出不穷。

人格化表达会提高平台创作者占用户的比例。按照长视频时代的内容推荐逻辑，长视频的审美长期由专业人士引导，导致形成一小部分专业人士创作内容、普通用户围观内容的局面，最终由专业人士定义内容的游戏规则。这一形势阻碍了平台的发展，也限制了用户规模的进一步扩大。试想在鼓励个性化创作的短视频直播平台上，当一个普通用户看到一个和他一样的普通人，拍摄、剪辑技术并不高明，才艺方面也称不上精彩绝伦，但他依旧勇于表达自己，并且能够收获几十万、上百万点赞量的时候，他一定会产生冲动："原来被人认可没有那么难，我或许也可以拍一段试试！"于是，平台上多了一个创作者，而且这种积极的草根创作者，会激发更多的用户和创作者加入平台。大家相互激发、相互欣赏，促进平台的蓬勃发展。创作者、用户、平台三者在人格化表达策略下获得三赢，岂不妙哉！

二、金融机构账号也需要人格化

过去提起机构号[①]，大家都会联想到没有具体人格化面貌的"品牌号"，即以企业宣传、领导风采、集体团队形象示人。但是进入短视频直播时代，我们会发现，机构号被人格化了，下面举两个例子。

- 国家反诈警官老陈[②]。2021年中秋节，因在直播广场通过连麦各色主播而爆火的老陈，在各大网红直播间宣传如何反诈，号召大家下载国家反诈中心App。他将账号注册为蓝V，该号是山东省某市一个反诈中心官方账号，虽然属于政务号，但是它用老陈这样一个和反诈工作相当贴合的人设（正义、亲民、稳重、有网感）将反诈工作拟人化。人们在看到老陈的时候，会第一时间把

---

① 由金融机构通过提交营业执照申请的蓝V、企业号被统称为机构号。——编者注
② "国家反诈警官老陈"账号主要运营者陈国平已于2022年4月辞去公职。目前，陈国平在抖音上经营的新账号名为"热心老陈"。——作者注

反诈警官的形象锁定为热心大哥，从而更容易接纳反诈宣传，不会产生压迫感。

- 居然小蓝蓝。当蓝 V 机构号在 2021 年夏天如火如荼地开展直播宣传时，居然小蓝蓝作为家居卖场品牌居然之家的人格化"大使"火速出圈。一段段卖场内的舞蹈让这一卖场号迅速涨粉几百万，超越了居然之家没有固定人设的官方账号。2021 年 8 月，在居然之家官方抖音账号粉丝量为 30.6 万时，居然小蓝蓝的粉丝量已超过 150 万，而且该账号仅被经营几个月而已。

三、真人出镜不等于人格化表达

提起运营，大多数人的认知易陷入一种误区：真人出镜即人格化表达。

我们可以这样理解人格化表达，它是被融入个人情感、个人视角、个人经历、个人观点的表达，即同一件事被从不同的人口中表述出来，会带有浓厚的个人色彩。

很多金融创作者或金融机构没有深入理解人格化的含义，认为随便找一个人露脸来拍短视频就行了，其实不然。有些毫无个人参与感的播报程序化明显，用户更容易有抵触心理，视频数据反而不好。

反过来说，非真人出镜也可能会形成人格化表达。以某财经账号为例，短视频中并没有真人出镜，仅仅使用了声音元素，但是大家隔着屏幕也可以感受到主讲人那一股"年轻海归专业人士"的气场，即用户在脑海中能够想象这个人的形象。该账号给人一种在看小说里的人物的感觉，人物形象鲜活又不具体，这也是一种人格化。

四、主播甄选的三个常见误区

1. 形象才艺优先

在看过一些短视频官方号之后，大量的金融机构会把机构号短视频的主IP锁定在漂亮小姐姐、帅气小哥哥上，即重点关注主播的形象、才艺。电信运营商、银行面向泛化C端，任何人都可能成为它们的目标客户，出众的形象更易被更多人接受，也就成了银行等关注的重点。

如果是基金、保险、券商、私人银行、期货、私募等行业的机构号，泛化且没有专业方向的人设就会失去行业调性。该类行业旨在用内容筛选合格投资者，盲目追求粉丝的泛化人设，属于运营失焦。

2. 媒体经验优先

认为经常接受媒体采访做嘉宾的人就是最适合做出镜人的想法，也是一种惯性思维和刻板成见。笔者认为，传统媒体的表达方式、场域都与短视频直播场景存在巨大差异。传统媒体对嘉宾的个人形象要求是端庄、严谨，而短视频直播对主播的个人形象要求是真性情。传统媒体的表达惯性和姿态在短视频直播里有可能是吃亏的，用户不喜欢太工整的内容，姿态严谨的人往往让人不想接近或没有记忆点。

值得注意的是，主播有一定的传统媒体或新媒体的创作运营经验其实是加分项，这样的经验更容易沉淀为对内容表达力度、文案节奏、流量兴奋点的本能掌握。很多电视台、电台主持人转型做短视频直播都做得风生水起，因为他们在了解用户想要看什么、听什么方面具有独特优势。

3. 业务能力优先

推荐组织内业务能力最强的人（"签单王"、首席、团队长等）成为主播的做法有一定的道理。这说明此人具备足够的专业度，但是同时，我们也要考虑这位主播是否具备与普通用户交流的能力。第一层能力是表达能力，即主播能不能吸引人，有时业务能力强的人表达能力未必好；第二层能力是为内容降维的能力，即主播能不能站在普通用户角度想问题，而不是用专业词语把用户挡在门外。

在这里，笔者提供一个甄别办法供大家参考：如果主播的业务能力面向客户销售范畴，那么他也许是个好苗子，因为能把客户业务做好的人，表达能力和把握用户需求的能力通常也很好。

五、金融类 IP 的甄选逻辑

1. 人格化，有记忆点

如前所述，人格化是小屏幕表达平台运营的核心策略。主播不必非帅哥、美女不可，但是一定要敢于绽放自我，最好可以展现自己与众不同的一面，让人有过目不忘的性格特征或外貌特征。

抖音财经创作者"大耳讲财经"过去的账号名字叫"Henry 的实用主义经济学"，这个名字绕口、难记并且中英文交杂，后来他索性把自己的一个外貌记忆点特征强化成账号名称，改名为"大耳讲财经"（主播有一对突出的大耳朵）。如此一来，IP 就显得更加亲民，主播形象也更加深入人心。

2. 有输出能力，降维不降效

输出能力是指主播能力强，对输出的内容有自己的观点、态度，可以内化脚本稿件，讲述时可以胸有成竹、人稿合一，脱离了照着稿子讲陌生领域的虚假气氛。

降维不降效是对主播的高级要求，要求其不仅能够清晰地梳理专有名词的深奥逻辑，化繁为简，讲话接地气，还能够超越其他同类话题博主，提供升维的逻辑、信息、知识背景、观点等。

一言以蔽之，主播必须能够驾驭知识，做到既让外行听懂，又让内行尊敬。

3. 经验老到、态度诚恳，做用户的娘家人

这是金融行业的特殊要求。因为金融成交的本质是建立信任，所以作为内容创作者，你要表现得经验老到，让用户相信你管过钱、见过钱，这样他们才相信你有为投资提供建议的能力。

做用户的娘家人是指不要站在机构或产品设计方的角度去思考问题，要为用户考虑。

国内某顶级规模基金公司的头部女主播就曾经在一次接受笔者的业务访谈时表态，她的直播间之所以转化率比同行更高，主要原因有两点：第一，她个人的专业能力强，懂基金，她不是一个空有外表、没有内涵的漂亮主播；第二，她可以真心实意站在用户的角度考虑问题。当用户问她基金好不好的时候，她能给出非常客观的建议。她会建议没有投资经验的用户多考虑一下老基金，而不会因为当天的交流场所是新基金发布的直播现场，就将新基金卖给客户。

六、典型人设案例剖析

1. 以营造氛围感为主,授人以渔为辅

我们以抖音上 2021 年蹿红的某财富管理类账号为例,该账号主是理财师出身,因为做抖音账号而小有名气,并且已经以自己的名义开了家族办公室。如果我们对她的历史短视频进行抽样观测,根据点赞量分层内容,我们会看到如下结果。

(1)点赞数在 5 万以上的作品标题举例。

- 很绝的投资案例,有钱人是怎么投资的。
- 如果我有一个亿,保守理财一年可以赚多少钱。
- 有钱人身上有什么共同点。
- 存多少钱才算实现财富自由。

总结:这部分点赞量超高的优秀短视频围绕"有钱人"这个话题进行探讨,但没有进入"投资"这一金融领域,也没有解读具体的财富规划方案。也就是说,即便没有"授人以渔",但她给受众留下一种"我管过有钱人的钱,有钱人信任我"的印象。对于短视频内容而言,这些视频已经过关了。

(2)点赞数在 2 万~5 万的作品标题举例。

- 如果你有 1000 万元,理财一年能赚多少钱。
- 比银行更靠谱的存钱方式——定投。
- 年轻人应该先买车还是先买房。
- 让银行都害怕的存款方式。

总结:这部分数据表现良好的短视频,算是进了"投资"领域,但是依然没

有"授人以渔",没有讲"技术",话题切入的角度较为普通。创作者用银行理财、房产这类国民化程度较高的投资品作为对比物,希望可以引起更多关注。对受众来讲,这样更容易理解,创作者的策略是成功的。

(3)账号数据。通过第三方数据平台,我们可以发现一些信息:虽然内容没有涉及"投资实操""干货输出",但是数据显示这位创作者仍赢得了优质客户——金融属性突出的成熟男性群体(见表4-1)。

表4-1 财富管理类典型账号关键数据一览

用户兴趣偏好排名前3位的类别	男女比例	占比排名前3位的年龄层分布
金融:21.4%	男:80.47%	31～35岁(31.57%)
汽车:10.8%	女:19.53%	25～30岁(19.46%)
影视:9.3%		41岁以上(18.47%)

资料来源:蝉妈妈、新抖、飞瓜数据,截至2021年9月。

2. 面向女性群体的市场稀缺人设

我们以抖音账号"××晓庆"为例,这样的金融IP极为稀缺。大部分的财经创作者是男性,但"××晓庆"的粉丝多为女性,而且成熟女性居多,具有一定的经济支配权(此结论由结合第三方数据平台给出的用户年龄层和兴趣偏好信息而得出)。

"××晓庆"的人设十分清晰,她在签名档中写道:"创业公司×××、全国××成员,致力于让广大女性……"第三方数据平台显示的信息如表4-2所示。

表 4-2　抖音账号"××晓庆"关键数据一览

用户兴趣偏好排名前 5 位的类别	男女比例	占比排名前 3 位的年龄层分布
金融：16.1%		
影视：12.9%	男：41.28%	31～35 岁（49.92%）
美食：9.9%	女：58.72%	36～40 岁（29.4%）
教育：9.1%		25～30 岁（17.68%）
阅读：5.9%		

资料来源：蝉妈妈、新抖、飞瓜数据，数据截至 2021 年 9 月。因兴趣偏好中排名前 3 位类别的性别与经济情况特征不明，笔者特选取排名前 5 位的类别进行观察，以佐证判断。

3. 男性主播的财经类典型人设

本节我们以抖音账号"××频道"为例，该账号主播的语言风格轻松幽默，给人一种知心大哥的感觉，他面对镜头侃侃而谈，既专业又接地气，不"装"也不"端着"，可以说是一个非常典型的男性财经 IP。

那么，这样的典型财经 IP 背后的数据是怎样的？他的粉丝中，男女比例如何？是否成熟女性占比更高呢？让我们用数据说话（见表 4-3）。

表 4-3　抖音账号"××频道"关键数据一览

用户兴趣偏好排名前 3 位的类别	男女比例	占比排名前 3 位的年龄层分布
金融：31.2%		25～30 岁（30.57%）
运动：12.3%	男：89.84%	31～35 岁（25.4%）
汽车：11.6%	女：10.16%	18～24 岁（15.48%）

资料来源：蝉妈妈、新抖、飞瓜数据，截至 2021 年 9 月。

从以上数据我们可以看出，成熟男性人设账号的粉丝往往也是相对成熟的男性，基本不存在所谓的"异性相吸"现象，甚至男性占比超出我们的预期。兴趣偏好数据再次佐证了，这类人设账号的目标客户多为有一定投资经验的投资实用主义者，账号可以为其提供投资建议或者谈资。

最后，笔者列举了几个树立金融人设的误区，希望读者尽量避开。

- 误区1：形象权重大于专业权重

人们对于短视频和直播有"娱乐化"想象，认为千言万语不如一张好看的脸，其实不然。本质上，用户看重的是创作者的投资能力和投资经验，账号只有通过专业化人设博取受众的信任，才有与其进一步产生链接的可能。在这方面，主播漂亮或帅气不一定是加分项，甚至如果他们的形象过于完美，会营造一种距离感。

- 误区2：年轻草根形象更贴近网民

金融账号交付的是金钱，其默认具有交付能力的人拥有一定的财务管理经验，并且自己也有一定的资金实力，所以如果账号主长了一张娃娃脸，就容易被人认为缺乏投资经验；同理，如果账号主形象邋遢，直播环境穷酸，容易被人认为是缺少投资成功战绩的，IP最终还是无法赢得用户的认可。

- 误区3：头套、贴纸可以扫平心理障碍

金融账号本质上应与用户建立信任，有的主播因为害羞不敢露脸而加了贴纸、头套特效或者干脆戴个头套上镜，在笔者看来这些行为都是对用户"不想负责"的表现。你若想让用户真正相信你，为什么连脸都不舍得露呢？

第二节　短视频脚本精进标准作业程序

一、根据创作模板生成脚本

之所以称之为脚本①，是因为短视频是镜头前表演和视觉表达的结合，它并不简单地等同于几百字的文字稿，而应该综合考虑镜头语言、主播状态、视觉包装等，形成一个格式。为了让大家迅速上手，笔者在这里列举一个脚本范本供大家参考，大家可以根据这个模板创作脚本，组织主播、拍摄、剪辑、编导等工作者共同完成一个作品（见表4-4）。

---

① 早在电视时代就有这样的结构化内容。据笔者观察，大部分的剧情类账号执行的都是脚本，但大部分的财经类作者采用的是口播形式，手里基本只有一段文字稿。——作者注

表 4-4　短视频脚本模板范例

主题	行情下行，定投要停？给我 2 分钟，告诉你该不该停 # 基金定投 #				
序号	文稿	目的/情绪	时长（秒）	特效	景别
1	基金万能公式定投不管用了？最近，不少基民对我说快扛不住了。本想用基金赚点零花钱，没想到它成了最大支出，直接导致"无效上班"，即使定投，也处于亏损状态	目的：开头设置悬念 情绪：沉稳、老到	12	• 网络基民讨论截图 • 插入"无效上班"的名词解释	近景（半身）
2	行情下行，我的定投要停吗？今天帮你看看数据	目的：承上启下，吸引注意力	5	• 字幕	近景（半身）
3	以××基金为例，假设你在基金经理上任之日，即 2017 年 6 月 29 日开始月定投，截至今年 6 月底，恭喜你，收益率已高达××	目的：强调高收益，吸引注意力	10	• 插入图表 • 强调时间 • 强调收益率为 98.7%	近景（半身）
4	再来看基金趋势图，第八周市场开始走弱，第十周我们停止定投，等第二个月再恢复定投，收益率只有××。也就是说，在下跌行情停止定投，收益反而会减少	目的：吸引注意力，解开悬念	12	• 插入图表 • 强调从第八周起基金进入下跌区段 • 强调收益更低	近景（半身）
5	那么，怎么定投能获取更多收益？依旧在第十周，下跌时增加定投金额，从××涨到××，第二个月再恢复到××，收益率高达××	目的：继续抛出第二个问题，制造新的悬念	8	• 强调从第十周起增加定投	近景（半身）
6	你发现了没有，下跌时不停止定投，增加定投金额，收益反而会更高	得出结论	5	• 停止（叉号） • 增加（对号）	近景（特写）

（续表）

序号	文稿	目的/情绪	时长（秒）	特效	景别
7	但是要避免盲目定投，千万注意两点。第一，选择优质基金。整体趋势往上长期收益不错。第二，时间不能太短而且价格低的时候定投更多，高位上涨减少定投，整体收益会更高	目的：附送知识点，延长播放时间	10	• 第一：优质基金 • 第二：定投时长	近景（特写）
8	你还在坚持定投吗？在评论区告诉我哦	落版	3	• 回屏 • 显示账号Logo	回屏

以上是一个单人口播的脚本框架，如果你想创作词条问答型或微剧情型作品（可参考账号"何青绫""阿跪的幸福生活"），脚本则需要更复杂一点。可以考虑采用双人聊天模式，一人出镜，一人不出镜，中途进行场景切换等（比如从厨房场景切换到阳台场景）方式，大家可以举一反三，为脚本框架扩容。

二、下笔前定好选题、找好落点

短视频文案不是从第一个字堆到最后一个字。在行文落笔之前，创作者应胸中有沟壑，下笔如有神。在整个内容形成过程中，笔者认为比较理想的结构是选题占比40%，观点、论据占比30%，呈现结构占比20%，最后10%则来自一些特殊细节。

创作者于下笔前要做的准备工作有：盘点热点和题目→选题→决定落点和切入角度→亮明观点→组织论点论据→设计结构→完善细节。

有关具体工作流程、标准作业程序和寻找相关灵感及参考资料途径的相关内容，如总体选题的视角范畴、发现好选题的渠道，以及最终如何决定选题、决定落点方面，大家可以参考图 4-1（以二级市场创作者为例）。

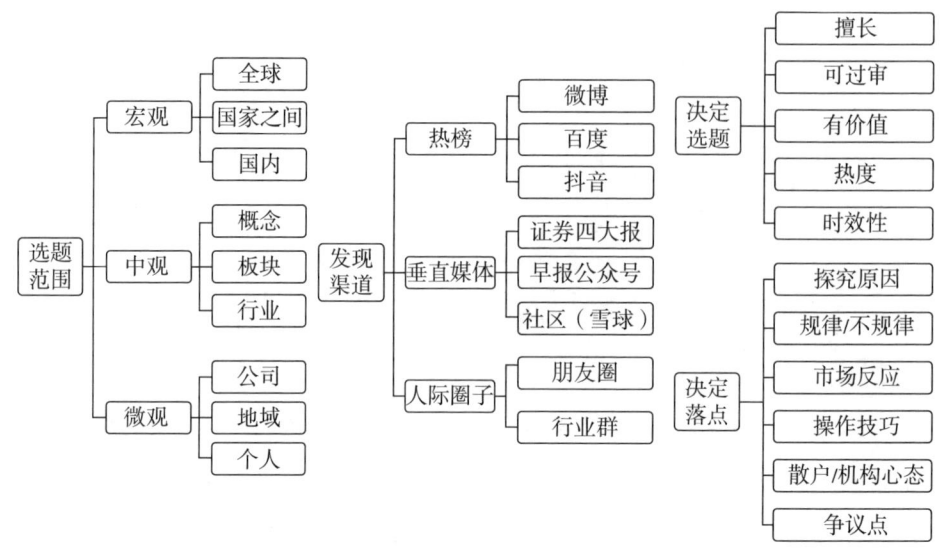

图 4-1 短视频脚本选题和落点选择设计

1. 功夫在事外：定选题

如图 4-1 所示，财经领域的内容创作者既可以从宏观、中观、微观几个层次考虑选题，也可以根据自己所在的行业、擅长的方向等，围绕某一个层次决定选题。例如，一般做价值投资的，宏观、中观、微观方面的内容通常都会涉及一些；讲宏观经济的可能会考虑宏观层面；商业财经可能会在微观领域做很多工作，比如剖析网红公司或深度解读商业人物。

很多内容创作者苦于没有好选题，总觉得自己赶不上热点，在此笔者提供以下 3 个渠道供读者参考。

（1）热榜。微博热榜、抖音热榜、百度热榜都是发现好选题的快速途径，而且像微博、百度都会有与金融财经相关的子榜单，可以迅速帮助受众了解今天有哪些财经大事正被大家热烈讨论。

（2）垂直媒体。媒体要么有一手信源（证券四大报），要么具备快速解读和二次加工信息的能力（提供咨询早报的公众号）。被以上媒体平台盯上的话题，在一定程度上都具备时效性和热度。

（3）人际圈子。此外，存在一些非公开渠道，如朋友、同事等，内容创作者通过与他们交流，能够了解一些新变化。如果身边一直有人讨论或关注某一件事，那么说明这件事既具有传播价值，又具有行业价值。内容创作者可以持续关注该事件，在事情发酵的重要节点给出自己的独特观点，快人一步成为这类话题的一手观点发布者。这里需要注意的是，创作者一定要保证事情的真实性，不可以把流言当事实发布，网络谣言在平台是不受欢迎的，也非常容易让好不容易树立起来的专业人设"塌房"[①]。

在完成上述扫描工作后，笔者建议创作者根据以下条件排序确定选题，先创作优先级高的部分。

- 该选题是不是创作者最擅长的？喜欢且擅长的事情才能被做得又快又好。
- 话题在平台上是否存在发布风险？比如存在事实不清问题或涉及政策解读。
- 话题是不是有价值？比如在年底最后两天，讲个税申报相关的话题会比讲养老金相关话题更有价值感，它关注的是眼前的钱，符合普通用户的价值感心理排序。
- 话题的网络热度如何？如果某话题一上午从垂直榜单上升到热门综合榜单，

---

① 网络流行语，指偶像在粉丝心中是一座神圣而美丽的房子，当偶像出现一些负面新闻或被曝出恋爱信息时，对粉丝而言，就意味着爱豆这所"房子"倒塌了。——编者注

那么这样的话题就是在上升热度期，便值得我们做。

- 话题的时效性如何？制作短视频也需要时间，会不会在创作者发布视频之时，其时效性就不存在了？这是内容创作者需要考虑的问题。比如某互联网保险产品即将下架，不建议创作者在下架的最后一天才做选题，即便做了大家也买不到产品，信息价值不高。

2. 画龙需点睛：找角度

现在是信息极度发达的时代，优先级高的选题大概率会与其他创作者"撞题"，破解"撞题"之难的关键在于选落点和找角度，一般金融类讲宏观、中观的落点和角度来自探究原因、规律/不规律、市场反应、操作技巧、散户/机构心态、争议点6个方面。

下面笔者将以"锂电池"这一题目为例，在每一方面列举一种角度供大家参考。

（1）探究原因：全世界都在抢一块电池，背后的原因是什么？

（2）规律/不规律：一文总结——券商看待新能源板块的四类逻辑。（在这一部分，创作者可以介绍能源板块周期规律，给出与锂相关概念的提示，强调锂很特别，但不可以套用能源投资规律）。

（3）市场反应：应声上涨，锂电池还有多少上升空间？

（4）操作技巧：教你一招，如何利用波段操作投资锂电池龙头？

（5）散户/机构心态：散户很亢奋，机构却很冷淡，到底谁能笑到最后？

（6）争议点：市场上99%的人都把这块电池想简单了！

3. 如何让观点脱颖而出

落点和角度找好了，如何填入论点、论据就是最重要的工作，它是创作者与同行拉开差距的关键,这与创作者的专业理解能力和信息整合能力直接相关。书中仅能做一些技巧性的提炼,笔者把找论点、论据的技巧简称为"大S"和"小S"。

(1)大S,即稳固(Solid),强调事实部分,让论据和背景更加权威、可信。首先,背景和事实必须为官方发布的,如官方媒体;其次,必须是有新闻采编权的官方媒体,如政府网站(比如"一行两会"[①]的官网)。这样既可以保证内容创作者引用和解读的内容是真实可靠、经得起推敲的,也可以保证账号基业长青,现实生活中总有些财经作者因为传谣和解读二手信息而自食恶果。

(2)小S,即鲜明(Sharp),强调观点部分,论点和态度应更加贴合短视频特色——精悍。通常来说,观点部分,创作者可以参考一些大咖观点或大V观点[②],形成自己的观点。作为短视频内容创作者,多多参考图文作者的作品也是非常有用的,毕竟图文内容逻辑更复杂、体量更大。想要观点鲜明,就不能人云亦云。结合短视频特征,笔者建议创作者从以下几个方面入手,提出犀利的观点。

- 逆商。创作者可以直接亮明与主流观点不同的态度,但要注意不应为了反对而反对,观点需要有理有据、逻辑自洽(有大S的支撑)。
- 凝练总结。大部分内容创作者的思维是内容应以量取胜,结果易制造信息噪声,还不如将纷繁复杂的市场观点做个最简单的总结。笔者建议总观点不要超过3条,这样,内容便像压缩胶囊一样,可以帮助用户节省时间。

[①] "一行"是指中国人民银行;"两会"是指中国银行保险监督管理委员会和中国证券监督管理委员会。——编者注

[②] 建议参考时以专业人士观点为主,网红人士观点为辅,毕竟二者在言论严谨度方面存在较大差异。——编者注

- 附赠更多信息。在大部分人讲得大同小异的时候，内容创作者可以给些延展信息，通常是一些小工具、重要时间点、名单等。

4. 短视频脚本的结构

不理解短视频的运营规则而盲目创作的不良影响通常会体现在文案结构上。作为一个有经验的人，笔者常常能够看到很多创作者依然在用"图文作者"的习惯写短视频脚本，其写作特点是：背景交代得过于周全，花了近一半的心力纠结标题，采用总—分—总三段论形式……

短视频内容创作者需要调整思维，建议各位重点学习一个概念：倒三角体（又名倒金字塔结构）。它是新闻写作的一个专业术语，指以事实的重要程度或受众关心程度依次递减的顺序，先主后次地介绍各项信息。使用该方法产出的成果结构犹如倒金字塔或倒置的三角形。

让我们换个角度考虑，如果短视频开头的重要内容不能吸引受众，那么它随时可能被划走。所以在进行短视频脚本结构设计，分配篇幅和顺序时，我们可以先考虑全篇的大结构，再考虑重点结构段落中的小结构与细节，如图 4-2 所示。

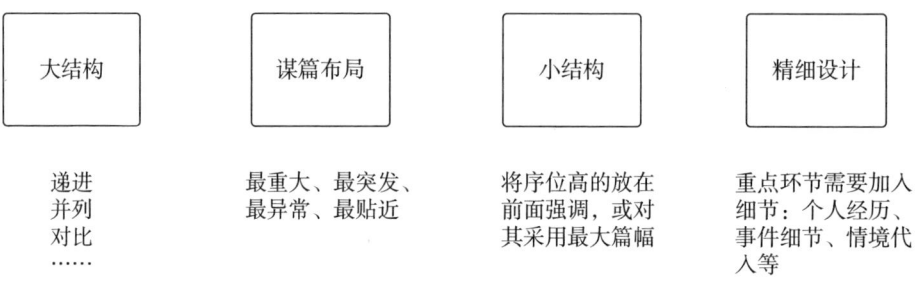

图 4-2　短视频脚本结构设计方案

针对短视频内容结构的谋篇布局，笔者有3点建议。

- 全篇结构不宜复杂，因为短视频是视听语言，用户用耳朵和眼睛记忆，也没有机会回溯、反复观看，所以只建议并列、递进、对比这种一维结构，不要扩展成学术论文那种多维结构，那样会为用户设置理解障碍。
- 所谓的序位较高放最前面，是一种常规操作，我们也可以采用"不断提示最重要的在最后"的形式，将观众的期待值拉满，从而拉动完播指标。但是，这样的操作对主播的表现力以及前面内容的留人能力也提出了更高的要求。
- 如果说整个短视频结构是倒三角形，那么精细设计部分我们可以参考"华尔街日报体"① 的写法，精细设计小故事、小人物、小场景、小细节，从而引人入胜，与用户产生共鸣。

---

① 华尔街日报体（Wall Street Journal Formula）是美国《华尔街日报》惯用的一种新闻写作方法，主要用于非事件类题材的叙述。其基本特征是，首先以一个具体的事例（小故事、小人物、小场景、小细节）开头，然后自然过渡，进入新闻主体部分。然后将所要传递的新闻大主题、大背景和盘托出，集中力量深化主题。结尾呼应开头，升华主题。这种写法从小处落笔、向大处扩展，感性、生动，符合读者认识事物从具体到抽象的过程，颇受读者青睐。——编者注

第三节　短视频脚本案例拆解

样例文案（一）

未来5年，你的工资社保将迎来五大变化

人力资源和社会保障部近期公布了"十四五规划"，未来5年，你的工资、社保、养老金将迎来五大喜人的变化！

第一个变化是社保。很多人之前觉得交不交社保无所谓，但是这次国家下定决心提升社保"含金量"和待遇水平，这让很多人在有了社保后心里更加踏实了，毕竟出啥事都有社保给你兜底。

第二个变化是收入分配。"十四五规划"提到将努力缩小贫富差距，促进共同富裕。具体动作有加强对企事业单位工资收入分配的调控和指导，让更多普通人的"钱袋子"鼓起来，以后，有钱买房买车的人将更多。

第三个变化是养老金。国家将会逐步提高领取养老金的最低缴费年限，很多人担心这笔钱会不会白交许多年，这种担心完全是多余的！虽然最低缴费年限提高了，但是缴得多，个人退休金领得也多，总而言之，是很划算的。

第四个变化是灵活就业者缴纳工伤保险。我国灵活就业人员已达2亿，快递、滴滴司机、外卖骑手等人群规模庞大。以后，咱们的灵活就业人口将不再"裸奔"，也拥有工伤保险等制度保障啦！

第五个变化是公务员缴纳工伤保险。以前，公务员无须缴纳工伤保险，这次将推动公务员集体缴纳保险，并按照规定享受保险待遇。

作者评述

这是一篇典型的40分文案，仅仅做到了信息准确和篇幅适当两点，它的问题主要有以下3点。

（1）没有谋篇布局，5点新变化平铺直叙，各自陈述70~80字，没有强调重点，更没有雕刻细节。

（2）从结构上看，它已经超过了视听语言能够承受的3个以下的并列关系，信息传播效果差。一般来讲，一篇文案的知识点如果超过3个，用户就很难全部记住。作者列举这样5点信息甚至不如只重点说1~2点，让用户的注意力聚焦一些，信息传递的效果反而会更好。

（3）陈述太平淡，缺乏亮点。在大结构里没有加入细节，以丰富、完善小结构，是一种缺乏用户思维的表现，建议创作者在拿到这样粗放的信息时，先做一次用户定位：我的粉丝可能最关心哪一点，那么我要重点讲那个点，要讲得更生动、更深入。比如，如果创作者认为粉丝当中社会灵活就业人士较多，那么可以考虑重点将第四个变化展开，从一个快递员的遭遇说起，讲一讲灵活就业者工伤保险的重要性和申领条件，并将其一次性讲清楚。

样例文案（二）

社保大解惑，有问有答

社保如果没交满15年，那么之前是不是白交了呀，社保交了15年，是连续的还是累计的呀？自己爸妈在农村没交过职工社保，养老金还有戏吗？

家人们，不要慌，问题不大。关于社保的问题特别多，今天我们开一期视频来专门讲一讲。

首先社保是累计交满15年就可以领退休金了，如果你没交满，但又不想交了，那该怎么办呢？可以申请退保啊，社保个人账户里面的钱会被一次性退给你，而申请退保的话有三个条件，我把它放这儿大家自己看。不过话说回来，我是肯定不建议退保的。

还有很多人问，我可不可以只交15年，到后面就不交了呢？原则上可以不交，但是我也不建议不交。因为虽然你交满了15年就可以领退休金啦，但社保那是多缴多得的，更何况社保交了15年，你若不交的话，医保也就断了，一般我们建议：男的累计交满25年，女的累计交满20年，因为交够这些年限，医保才能被终身使用。不过，各地的标准不一样。然后还有很多人问，可不可以不交社保呀，为什么？问他理由，他居然说："哎呀，每次扣那么多钱，我肉疼。"虽然说每个月工资这么一发，五险一金这么一扣，这大几百、几千的就被扣走了，但是从某种意义上讲，扣得越多，你赚得也就越多，因为大头都是公司、单位帮你出的。比如在杭州，规定的社保最低缴纳基数是3957元，那么你自己每个月至少要交415元，公司得帮你交973元，那可是你的二倍还多呀。你要说肉疼，老板比你还肉疼，等你老了，这些钱就会被以退休金的方式，返给你，虽然说并不等价，但是多缴多得是肯定的，更别提社保和医保是挂钩的，对不对啊？

有些人又吓坏了，心想干脆我职工社保和居民社保都交了行不行啊？没必要。如果说你是为了医保，一般的职工社保的报销比例会更高，而且退休之后国家也不会因为你同时交了两份社保就让你领两份钱，你想什么呢？问题又来了：这职工社保和居民社保到底有什么区别呀？这个我给你们看张图就明白了，职工社保其实就是我们常说的五险一金，包括养老、医疗、生育、失业、工伤、住房公积金，而居民社保只包括养老保险和医疗保险两种。举个例子，杭州三级医院、二级医院以及社区门诊的报销比例方面，职工医保分别是76%、80%和86%，而居民医保分别是40%、60%和70%，整体来说，职工社保其实优于居民社保，但是职工社保不能由你自己来缴。

当然也有人说，灵活就业人员是不是也可以自己交职工社保，家人们啊，如果是短时间自己补交一下还可以，长时间自己交根本不划算，而且由你自己交也只有养老和医疗两个险种。最后一个问题很重要，私信里面问的人也最多，那就是自己在农村的父母，如果没交社保，以后该怎么办呢？这次咱们得解释清楚，你可以去户籍地缴纳居民社保，居民社保的缴纳条件是你若年满16岁，那么你就可以交了。从理论上讲，你到了七八十岁都可以交社保，只不过由自己出钱。一年一交，每年最低交100元，最高交2000元，秉承的是自愿原则。交费档次大家可以随便选，如果说你累计交满15年，60岁之后也可以领取养老金，但是你如果想享受医疗保障，也就是看病报销等保障，还是得交一年、用一年。

那么问题又来了，这也是一个历史遗留问题，很多在农村的家人于2011年之后交的都是几十块钱、百来块钱一年的那种新农保，或者城居保。现在又跑出这么一个居民社保，突然就慌了。不要慌，其实居民社保就是把刚才这两个合并，它们本质上是一回事。要是你过去交的是新农保、城居保，但是没凑够15年，并且还没领什么基本养老补贴，就可以按年补缴，一次性补缴15年，补完了再领养老金。那么，具体怎么交呢？建议你还是到你们当地的社保局，或者让自己的子女打12333（社保局电话）好好问一下。

这条视频你们可以随意下载，同时各位也可以可劲儿转发给有需要的人。

直男财经深入人心，帮助别人，我很开心。

这是抖音财经赛道头部账号"直男财经"做的一期"社保缴纳高频问题解答"的短视频。笔者已取得直男财经授权，介绍这个案例是为了给大家讲讲那不可名状的10%的细节问题，即很多头部创作者的看家本事。

作者评述

（1）有充分转折。虽然这是一篇科普文章，但是会把一些问题模拟出来自问自答，并且在回答的时候会把一些极端场景考虑在内，这其实就是一个充分转折的过程，这一方法同样适用于描述热点事件。

（2）标志性的直哥口吻。普通作者的人设和文案是割裂的，头部作者的人设和文案合二为一。有些专属于直哥的口吻，比如"家人们""不要慌""问题不大""好家伙呀""可劲儿"等直哥的口头禅。这些非常直男口吻的口语词语，共同组合为专属于主播IP的文案；可以说这份脚本只为直哥设计，也只有直哥能讲。创作者最后特别设计了"直男财经深入人心，帮助别人，我很开心"的标语，像一个彩蛋。"帮助别人，我很开心"是创作者针对本期视频特别设计的，它旨在告诉用户，我这是一期科普，能够给你提供价值，而且我也愿意为你提供价值。

（3）结构上层层递进，细节上有场景设计。直哥一共设想了5个高频问题，内容介绍的顺序从最高频到最低频，从大众到某一垂直人群（比如灵活就业人士、农村户籍人士）。该视频有明确的结构、主次优先级。在细节上，你会看到"杭州职工社保和居民社保的报销比例比较"这样有具体数据支撑的案例，使得案例更加鲜活。

由此可见，短视频内容的精进是一条没有尽头的路，从 0 到 1，再从 1 到 N，创作者除了要有对短视频题材的理解、对用户的理解，更重要的是理解、放大自己的优势和特征。

贵在坚持，希望大家都能完成自己的从 0 到 N。

第五章 05

金融类账号运维实操方法

内容不是一个账号的全部，在笔者看来，进入UGC时代，自媒体博主的"运营力"极其重要，运营做得好可以起到事半功倍的效果，使账号拥有"极致性价比"。尤其对不依靠广告变现的博主（比如知识、带货、线下引流类博主）而言，账号的运维情况最终会影响以下3个方面：①用户精准度；②用户黏性和活跃度；③单个用户贡献价值。

笔者一直非常认同一句话：运营得成功与否不在于工作者知识水平的高低，而在于对细节的把握程度。优先需要把握的关键节点可被分成两类：所有用户看得到的和所有能和用户交流的。

第一节　账号装修的秘诀

我们把一个账号主页呈现的所有元素的运营工作统称为"账号装修",这一比喻很贴切:账号是一间房子,装修的目的是把房间布置好,让来到房间的客人感觉良好,并有进一步认识主人的欲望。装修的元素包括以下几大类。

一、账号名称

给账号起名这件事足以难倒众生。时至今日,很多创作者还在频繁改名,原因就是账号名称的传播力和记忆点不够。其实,给金融类账号起名也有学问,创作者有以下 3 点需要注意。

(1)不给阅读和拼写设置障碍。一般含有外文、生僻字、谐音字、繁体字的名字很难被用户找到。账号的名字应该是用户能够轻易在搜索框搜到或者记住的,名字应尽量不用谐音梗、不用大小写、不夹杂字符。

(2)简单直白、贴合账号设定。金融类账号的第一要务是提供知识,所以那些具有"朦胧感"的名字都不合适。如果名字不贴合赛道,用户会误以为账号属于其他垂直品类,给账号带来用户忠诚度方面的困扰,其发展得也会比较慢。

（3）个人账号名称中不要出现金融产品名称。现在平台社区规范对金融类账号风险控制得相对严格，如果某账号名称里出现了：银行、证券、基金、保险等产品的名字，多数需要账号运营人员补充出示金融类产品经营范畴的相关文件以"验明正身"，以免有人冒充金融机构，引流线下，造成金融诈骗或者经济犯罪。当然，如果是正经的持牌机构官方账号，则可以在提交相关资料后直接用品牌名作为账号名，如招商银行、平安证券等。

那么金融账号该如何起名呢？有以下几个范式，各位不妨试一试。

- 接地气的人设定位＋赛道：如××财经、××讲财经。
- 名字＋领域：如××讲经济、××的财经世界。
- 人名或笔名：如何青绫等。

总之，账号名称就像父母给我们起的名字一样，做到好听好记、朗朗上口就成功了一半，如果能有"听其名如见其人"的效果，就是锦上添花了。

二、账号头像

在短视频平台上，笔者认为账号头像既重要也不重要。说它重要，是因为它代表了账号主的精气神；说它不重要，是因为它的好坏在大概率上不会影响账号内容的分发——算法推荐制下，头像仅占手机屏幕的小小一块地方，对用户的视觉感受影响不大。所以从这个角度讲，若头像的视觉传达到位，能够表现个人IP与品牌符号特色，那么它就是过关的。

就个人账号而言，因为金融账号以体现个人能力为主，创作者可以将自己的形象照、商务照、荣誉照、演讲照等当头像；对机构官方抖音账号而言，账号头像可以是企业的商标或产品图片，简单直接，形成品牌露出。在这里，有一些技术问题需要请准备起号的创作者注意。

- 头像照片色彩明度需符合账号定位，让人观感舒适。

- 人设号尽量用账号主本人照片，不用建筑、风景、宠物等照片。

- 图片需保证较高的清晰度，预留压缩空间。

- 头像图不能带有广告、电话、引流站外等图形文字元素，否则不容易通过审核。

特别提示：在平台当前的生态条件下，短视频账号的社交属性还不明显，头像美不美、厉不厉害对账号主页的打开率提升作用有限，创作者大可不必在账号、头像上倾注太多心力或者频繁更换头像[1]。

三、账号背景图

背景图、签名档是用户进入账号主页才会看到的信息，我们可以将其通俗理解为二级页面，重要性稍逊。但是，这里有几个技术问题需要大家注意。

- 背景图不适合预留联系方式等站外引流信息，可能导致审核不通过。

- 背景图要简洁清晰，不易过度繁杂。作者见过不少创作者把背景图设置得很复杂。比如，放一张团队几十人的大合照，将个人获得的所有荣誉奖项都挂在照片墙上，或一张罗列了 10 个以上头衔的名片等，这些信息密度过大的图片最终会给用户带来视觉困扰，破坏整个账号主页的和谐度。与其没有重点，不如化繁为简。

- 各个平台对背景图的尺寸要求各不相同，需要注意各类手机型号的呈现效

---

[1] 注意，此提示的前提是要判断平台的社交属性是否强大，一旦平台社交属性开始凸显，头像、背景图、签名档这些地方的重要性就会提升。——作者注

果。目的很简单，为了背景图信息能够显示完全，不会因为尺寸或手机端的问题而丧失部分信息。

我们通常看到很多作者会在背景图上放一句自己最喜欢的话或者账号广告语，那么该如何写这句话呢？下面笔者为大家提供一些建议。

- 加强人设，用一句话强化人设的专业度或者努力方向。比如"12年一线投资经验，80后财经作家""擅长用生活化的语言把专业讲清楚"等。
- 网感十足、朗朗上口。比如"天青色等烟雨，××在等你""通往财务自由之路的新一天从关注我开始"等。
- 强调功能，用一句话说明账号能够给用户带来什么价值。比如"教你省钱不吃亏""分享保险内容，努力做一个公正的保险测评账号"等。

四、账号签名档

在笔者看来，同在二级页面，签名档的作用会大于背景图，因为背景图是图像信息，不能结构化，但签名档是文字信息，是可以被结构化的，所以它具有一定的"搜索功能"。因此，创作者要考虑提供更明确的关于人设或账号内容的信息。一般而言，金融类账号在签名档上需要突出强调的信息特质是：专业＋可信。围绕这两点，创作者可以考虑在签名档上安排如下信息。

- 社会荣誉：如基金经理界获得过金牛奖，分析师界获得过水晶球奖，保险师界有百万圆桌会议（The Million Dollar Round Table，MDRT）成员身份等。
- 专业职位：如客座教授、首席经济学家、首席策略分析师、行业首席研究员、机构高管等职位。
- 名校、学科、学历、资格证书等：如清华大学本硕、牛津大学博士、伦敦政治经济学院经济史硕士学位、有 CFA 相关证书等，这些名校学历、对口专业、资格证书，都是给账号加持的信息。

- 投资经验：如 20 年证券从业经验，炒股大赛冠亚季军等。
- 资产管理规模：如资产管理规模达 200 亿元，合计为 200 个高净值家庭设计资产配置方案。
- 媒体/出版经历：如××卫视××节目常驻嘉宾，畅销书《××××》的作者。

综上所述，只要是可以体现专业度和能提供可信性背书的信息，都可以被放到签名档中，但是创作者需要注意的技术问题依然是：第一，不要预留引流信息；第二，注意字数，化繁为简。

五、封面图

封面图的重要性主要看封面是在第几层级显现。在不同的平台，封面的重要性不同。

如果封面图是在第一层级显现（比如 B 站、小红书），那么封面的设计就需要非常考究，其重要程度几乎相当于为公众号起标题；如果是在第二层级显现（比如抖音、快手、视频号），那么封面设计就没有那么重要，创作者可以不用投入太多精力，而应该将工作重点放在开头黄金几秒的设计上。

对于重视封面的短视频平台，创作者请注意如下 3 个设计上的关键点。

- 突出具有冲击力的信息，可以用标题字颜色变化体现。
- 背景图选择暗色，标题字饱和度调高，较容易抓眼球。
- 字数不宜过多，排版不宜过密，以用户一眼扫过就能记住为最佳。

对于封面不那么重要的平台，作者也有如下 2 点建议。

- 千篇一律的设计相当于没有设计。
- 字、图不宜过密，否则会影响用户的信息接收效率。

下面列举一正一反两个例子供大家参考（见图 5-1、图 5-2）。

▰▱ 反面案例

图 5-1　反面案例示意图

注：此照片经授权使用，仅用于进行账号分析。

图 5-1 列举了一些字数过密且在设计上千篇一律的反面案例，其实这些设计也是藏了设计师的心意的，但是没有起到很好的传播效果。

正面案例

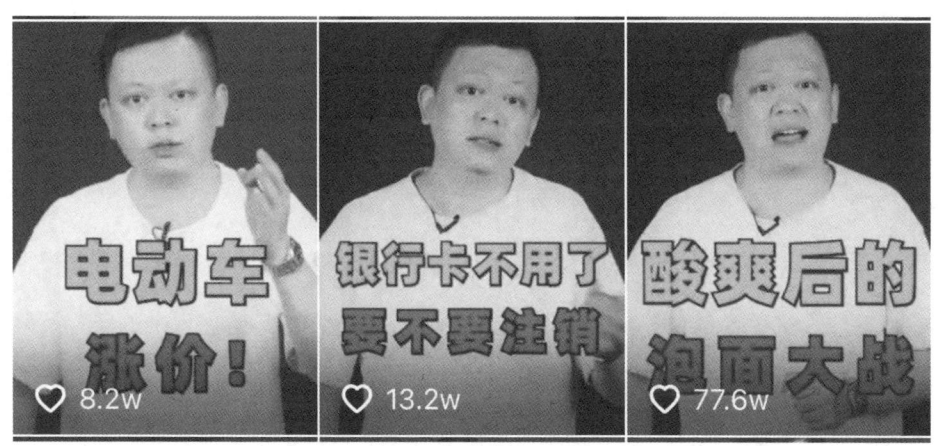

图 5-2　正面案例示意图

注：此照片经授权使用，仅用于进行账号分析。

图 5-2 是一个正面案例，3 个封面在字体、字号、画幅上都做了统一设计，精巧之处在于，每一篇的设计方案又都有所调整。作品的标题应简单清晰，最好不超过 12 个字，使人一眼扫过去觉得清晰明朗。作品灵活的第一帧画面可以被直接拿来做封面，让用户能想象出主播的状态，非常适合短视频每集一个独立单元的产品特性。

第二节　账号运维实操方法

有过新媒体工作经验的朋友都知道，新媒体账号如果只管创作，不进行维护，不与粉丝互动，不从用户反馈和运营数据中复盘账号运营过程中的经验及教训，最终账号不会获得成功。

短视频直播账号的用户互动入口通常有如下几个：短视频评论区、私信、粉丝群、直播评论区。在这几个地方，创作者需要关注两个结果：一是用户的黏性；二是用户的反馈。

一、短视频评论区

对一个发展期的账号而言，短视频评论区是一个非常重要的经营场所。内容创作者若在评论区与用户充分互动，获得更高的互动指标，将对账号的运营大有益处。而且评论区包含一些精彩内容，对短视频正文的内容形成有力的补充。内容创作者可以遵循以下4个原则在短视频评论区展开互动。

（1）对正文进行补充。比如因正文篇幅有限而放不下的内容，可以被放在评论区展开，做补充说明。

（2）加强话题讨论。一般在短视频结尾引导评论区话题，比如，"你所在的城市房价是涨了还是跌了""今年你有年终奖吗，发了多少"，评论区就会有用户自报家门进行互动，这自然会提升互动指标，可以为账号增加推荐。

（3）网感强烈，语态亲切。当用户看到博主用网感强烈的语言、接地气的态度、亲切的语气互动时，对创作者的好感就会提升。

（4）三观正、格局大。评论区难免出现三观偏颇的偏激言论，甚至有些评论被掩盖在幽默的外衣之下，让人很难发现其背后的偏颇，账号主一定要注意不能被评论区带歪，尤其针对金融领域，不可以在评论区做出超出身份的事情（比如推荐个股、诱导投资等）。例如，如果有人在评论区感谢你之前的投资建议，声称赚了大钱，作为创作者，你要做的不是在评论区回复他"听我的准没错"，而是要给出更中肯的回答："股市有风险，投资需谨慎。"

二、私信

私信是有私域概念的领地范畴，我们可以把它理解为粉丝与账号主之间的微信聊天或短信聊天，这个层面的私域受法律保护。但是账号主页不能被视为一块平台洼地，创作者可以通过私信无节制地进行营销。正如你在通过微信给陌生人转账时会收到风险提示一样，平台会有一系列防风险策略，避免营销或诈骗信息打扰用户。根据私信的特征，笔者提供3点建议。

- 发展期的账号主应该鼓励用户发私信，并且每天抽出固定时间回复私信。
- 账号的目标受众如果是高净值投资者，那么私信会是最主要的业务线索来源，账号主更要注意及时回复私信和对用户需求进行定位。
- 账号主不可以频繁私信打扰用户，否则平台出于社区安全考虑，可能会对账号予以处罚。

三、粉丝群

账号主们需要对平台直接提供的粉丝群予以重视、持续运营，否则粉丝群的荒废会造成大部分粉丝的离心，也容易被不法分子钻空子，成为其找精准流量的渠道（比如冒充账号主或者冒充助理号等），笔者针对如何经营粉丝群，给出如下建议。

- 可设立不同层次的粉丝群。比如"理财小白群""投资高手群"等，针对不同用户层次安排不同的组织议题，将用户分层运营，这对后续做知识课程转化或金融产品转化而言，都非常有意义。
- 群内需要有额外的知识福利。比如独家研报、集中答疑等，通过福利的设立调动粉丝参与的积极性和活跃度。
- 粉丝群需要立规矩。比如不能发广告、不能人身攻击、不能推荐个股等，只有立好规矩，群内秩序才能被更好地维持，防止有些人故意或者不经意地通过发布一些信息对群环境造成负面影响。

四、直播评论区

对直播间的推荐而言，直播评论区的互动率是一个很重要的指标，笔者建议账号主在直播期间进行评论区运营时，遵循以下3点建议。

- 用口播引导直播间评论，降低互动门槛。比如"想听的扣1[①]""大家可以把我刚才说的那4个字打在评论区，加强一下印象"，这种评论其实是在降低用

[①] 扣1：网络用语，即在对话框中输入"1"的意思。——编者注

户互动的门槛，提升互动意愿。大多数时候，互动率是要依靠这样的降门槛引导的。

- 监看评论区是否有负面内容。比如刷屏的、辱骂楼上评论的，这类评论会造成歪楼和直播间环境的污染。账号主应随时监看，在发现不好的评论时，应给出口头警告或予以制止。

- 设置助理号集中回应问题。通常，直播间除了主播通过口播回应直播评论区问题，最好再安排另外一个团队工作人员运营助理号，针对一些事务性问题给出集中回应。事务性问题通常指发货时间、直播时间、福利领取路径等。设置助理号回复这种问题可以节省主播的时间和精力，还能提升粉丝的满意度。

第三节 账号运营的关键数据指标

运营工作很大程度上是在和数据打交道，创作者在做短视频和直播账号运营工作时，应重点关注以下4类数据。

一、粉丝人口画像

内容平台和第三方数据平台给出的男女比、年龄、城市、相关兴趣等数据都在告诉我们"用户是谁""服务对象的经济状况如何、消费能力如何"。比如一个31～40岁的一、二线城市女性粉丝占比较大的账号，其用户很明显具有较强的消费能力。

另外，我们也可以通过对粉丝进行调研获得更加直接的用户数据。可调查的信息有用户的家庭资产状况、投资产品类别、关注的其他账号主类型等，一般愿意主动填写调研问卷的粉丝都是核心粉丝。

综上所述，我们要随时掌握泛化粉丝和核心粉丝的人口画像情况，并且建立动态分析机制。观察粉丝男女比是否有变化、年龄层是否有变化，是因为发了什么导致的变化，这个变化是我们希望的吗，等等。此类复盘可以直接指导内容创作，解决创业者"为谁而说"的核心问题。

二、短视频完播率

短视频产品因为篇幅较短，沉浸式交互用户选择成本低（自动推荐，不喜欢就滑走），所以完播这个被动指标是最能体现其是否受用户喜欢的指标。一般来讲，如果后台显示完播率超过20%，就说明某一作品已经相当具有竞争力了，千万级大号的完播率通常在30%上下。

需要强调的是，以上参考数值的背景时间点是在2021年下半年。随着平台生态的扩展或者产品的迭代，完播率的参考数值会随时发生变化，建议创作者通过第三方数据平台实时监控对标账号或者同赛道顶尖账号的相关数据表现，同时动态评估自己账号的发展势头。

三、直播PCU[①]与ACU[②]

无论创作者所在的直播平台前台显示的是直播间累计人次（人气）还是当前同时在线人数，笔者都建议创作者关注PCU与ACU这两个数值。它们直接反映了直播间的留人能力。通常，这个数值与粉丝量并无直接关系，它与以下两个方面有关。

第一，主播的直播间留人能力。留人能力的核心是前台主播的直播状态是否亢奋、直播内容是否硬核和稀缺，主播是否具有根据实时流量和互动情况机动调整话术的能力。

第二，话题的有用性和垂直性。通常，泛财经类话题是不如投资交易话题有

---

① PCU：最高同时在线人数（Peak Concurrent Users，PCU）。
② ACU：平均同时在线人数（Average Concurrent Users，ACU）。

用和垂直的，从结果上我们会看到：在金融类账号直播间，内容越贴近交易侧，内容的实用性越强，直播间的人气越高。

四、直播间流量来源

本场直播的核心流量来源是直播间推荐、短视频引流，还是自有粉丝？这决定了账号当前的发展状态，账号是正处于破圈阶段还是守成阶段？根据账号所处的阶段，运营人员需要通过以下两项工作来提升直播间人气。

第一，如果直播的核心流量来自直播推荐较多，就说明账号有很大的新增粉丝和破圈机遇，创作者需要调整直播间话术，为更多的"陌生人"设计内容，让他们留在直播间，进而成为粉丝，最终达成用户转化变现的目标。

第二，如果直播的核心流量来自铁粉，固定等候开播的粉丝较多，就说明账号的粉丝黏性很大，用户垂直度高。即使这样，账号主也要调整直播间话术，针对更多的"老熟人"设计内容，比如做一些更有深度的话题专场、针对热点推出一些专题场次，或者根据场次衔接转化产品（比如知识付费、用户信息表单填写等），重点是让老粉丝们能够成为账号的重度消费者。

需要注意的是，以上两种流量来源类型没有优劣之分，但都不算是极佳状态。前者在破圈的情况下要注意维护老粉丝的意愿，后者需要想办法破圈，否则粉丝很容易失去新鲜感，从而使账号快速进入衰败期。与此同时，创作者也大可不必因木桶效应而不断地弥补缺陷，只要将长处发挥到极致即可。比如，如果流量足够大，那么创作者需要考虑安排更加适用的低价标品，低门槛地转化直播间用户；反之，如果用户黏性非常大，那么高客单价的非标品则非常适合被用来作为主要利润来源。

第四节　金融商业化流量的投放推广

当前，除了抖音的创作者商业化流量产品较为成熟，其他几个平台的推广产品还处在萌芽期。不过，从平台流量红利最终会走向衰退、平台商业化诉求最终会倒逼内容端的趋势来看，谁越能掌握商业化流量推广的精髓，谁就越能够节省时间和资金投入成本。在笔者看来，流量推广一般有如下3个方向。

1. 为了播放量和观看量而做的推广

当账号处于上升期时，账号主可以考虑把"曝光"放在相对比较显著的投放目的上，比如短视频播放量、直播间人气等。账号若处于上升期说明其本身已经具备生产爆款的能力，此时若锦上添花，做投放目标为曝光的商业推广，将使曝光机会最大化，从而稳住账号的上升势头，延长账号高速成长的时间。

2. 为了获得新粉丝而做的推广

对于那些需要向外界证明自己的账号而言，粉丝量是至关重要的。比如以展示广告为主的创作者，为获取更多的商单，需要获取大量粉丝；另外，粉丝量也与私域的规模有很大关系，比如抖音要求关注某账号才能私信。对财经类这样背靠成熟产业（金融）的垂直品类而言，私域规模特别重要。获得一定规模量级的粉丝（比如 30 万以上）对账号的商业化而言，意义重大。

3. 为了商品成交总额而做的推广

大部分电商达人将大部分预算花在了转化任务上，而且指向转化的预算也是最丰沛的，它直接对应投入产出比（Return On Investment，ROI）。若每投出 1 元就可以转化 1.5 元，那么直播间的投放就是非常有效的，达人可以持续加投，直到超过预算控制的 ROI 比例为止。

对金融类创作者而言，虽然我们商业化的产品是虚拟商品，相关教育成本也很高，但是金融是最讲究投入产出比的行业。笔者建议各位创作者用经营的思维看待转化投放，树立成本观念，把握投放成本红线。在此基础上，可以考虑持续加投。而且，金融用户的黏性相对更大，创作者可以多多参考电商直播间的逻辑去做商业化投放。

目前抖音的 Dou+ 产品是相对成熟的，笔者在此结合 Dou+ 的产品特性，专门给大家讲讲 Dou+ 应该怎么投才能取得事半功倍的效果。

（1）理解 Dou+ 的投放前提。

- 充分跑完系统推荐的自然流量后再投 Dou+，流量会更健康。Dou+ 作为辅助手段，不应该干扰，而应该去顺应自然流量的推荐逻辑。跑完自然流量再投 Dou+，可以让跑出来的推荐模型更精准。
- Dou+ 不是花多少钱就能办多少事，它是建立在内容推荐算法之上的一种辅助手段。如果一个作品的内容确实不好，系统不会进行强制推荐、干扰信息流。花钱就能推，对用户而言也是一种打扰，会破坏整个平台的生态环境。

（2）Dou+ 投放三原则。

- 只做锦上添花的事，不做雪中送炭的事。数据表现得越好，投 Dou+ 的效果越好。如果数据表现得不好，那么投了 Dou+ 不仅效果不好，还可能根本花不出去这笔钱。还是那句话，我们投的原则应该是顺应算法的——给优质内容更多的曝光机会。

- 少量多次地投放。为了跑出一个更加精准的模型，我们应该尊重每一次 Dou+ 投放，跑尽自然流量的余量。这就要求我们少额、多次地投放，花小钱办大事。

- 在投放周期时长方面，如果内容有时效，投放周期可以短一点；如果内容没有时效，投放周期可以尽量长一点儿，以便跑出一个更精准的模型。

（3）Dou+ 投放的禁区。

- 内容要符合抖音平台规范，没有通过平台审核的视频，不能妄想通过 Dou+ 解决相关问题（反过来也一样）。

- 内容中不能有电话、QQ 号、微信二维码、公众号地址等站外导流信息。

- 内容中不能有明显的广告营销嫌疑。

- Dou+ 要投放的内容和企业蓝 V 营业执照的经营范围要相符。

综上所述，一个有格局的平台不会因为商业目的而断送生态，商业产品都是建立在产品逻辑之上的，并不会反噬生态。作为创作者，我们要顺应平台产品的算法和推荐逻辑打造商业产品，争取达到事半功倍的效果。

第六章 06

短视频和直播拍摄剪辑实践

第一节　设备知识：设备选择、光影构图、运镜方法

短视频的拍摄设备既可以选择手机也可以选择相机。手机与相机的区别在于，手机是用电子系统来识别影像，相机则是利用光学成像原理形成影像。

手机拍摄轻巧方便，相机则更高端、专业。行业主流单反相机在迭代更替，新型相机更有利于简单制作拍摄流程，效率更高。整体来看，相机的成本比手机高，但其有更高的画质，目前手机仍是制作短视频的主流工具。

一、手机

表 6-1 介绍了手机拍摄短视频的优劣势对比，表 6-2 介绍了手机前置摄像头与后置摄像头拍摄短视频的效果对比，表 6-3 详细介绍了横屏拍摄与竖屏拍摄的效果对比。

1. 手机拍摄短视频的优劣势对比

表 6-1　手机拍摄短视频的优劣势对比

优势	劣势
1. 非专业人士也可以制作优良的作品	1. 不利于后期调整

（续表）

优势	劣势
2. 手机对相关设备要求并不高	2. 画质差
3. 小巧方便	3. 镜头无法虚化、变焦

2. 手机前置摄像头与后置摄像头拍摄短视频的效果对比

表 6-2　手机前置摄像头与后置摄像头拍摄短视频的效果对比

前置摄像头	后置摄像头
1. 自动增加亮度	1. 方便拍摄构图
2. 降低画质	2. 适用于短视频工作
3. 不利于后期制作	3. 节约时间

3. 横屏拍摄与竖屏拍摄的效果对比

表 6-3　横屏拍摄与竖屏拍摄的效果对比

竖屏拍摄	横屏拍摄
1. 因抖音而出现的构图方式	1. 传统构图方式
2. 视频以外的内容匮乏	2. 视频以外的内容更多
3. 拍摄方式苛刻	3. 方便拍摄
4. 对演员的外形要求更高	4. 演员有足够空间进行调整
5. 压迫感强	5. 增强了距离感和亲和度

二、相机

表 6-4 介绍了相机拍摄短视频的硬件设备清单，表 6-5 介绍了相机拍摄短视频的后期制作处理软件清单。

表 6-4　相机拍摄短视频的硬件设备清单

序号	拍摄器材	设备型号	数量	备注
1	相机	索尼 A7M3	1 台	拍短视频、直播时使用
2	相机镜头	腾龙 28-75 变焦镜头	1 个	拍短视频、直播时使用
3	相机三脚架	云腾 880	1 个	拍短视频、直播时使用
4	音频采集器	索尼 UWP-D21	1 个	拍短视频、直播时使用
5	存储卡	闪迪（SanDisk）128G	1 张	选购，拍短视频时使用
6	相机备用电池	品胜电池 + 座充套	1 套	选购，拍短视频时使用
7	录音设备电池	品胜锂电池 5 号	4 节	选购，拍短视频时使用
8	短视频提词器	百视悦 T3	1 个	短视频提词器
9	直播视频信号采集卡	海备思 HDMI 视频采集卡	2 张	视频采集卡
10	直播绿色背景墙		1 块	绿色背景方便抠图
11	直播摄像头	罗技 C930C	1 个	副摄像头用于特写
12	直播摄像头支架	三段式	1 个	用于放置摄像头
13	直播电脑	组装电脑	1 台	直播数据处理与控制，配置电脑可无须另购：CPU（i5-11400）（内存 8G）、硬盘（256G 固态）、显卡（1050Ti-4G）、显示器（23 寸）
14	直播声卡	艾肯（Icon）MobileU mini	1 张	直播声卡
15	直播话筒	得胜（TAKSTAR）无线麦克风	1 个	只保留说话者的声音，清除杂音
16	直播相机电源	希铁（ZITAY）TypeC	1 块	解决长时间直播的供电问题
17	直播补光灯	神牛（Godox）SL100BI 补光灯双灯版	1 套	室内补光灯

表 6-5　相机拍摄短视频的后期制作处理软件清单

序号	软件名称	平台	备注
1	Adobe Premiere Pro	PC/OS	视频剪辑，加入简单特效
2	Adobe After Effects	PC/OS	专业特效合成
3	Adobe Audition	PC/OS	视频音频处理
4	Adobe Photoshop	PC/OS	图像处理
5	Adobe Illustrator	PC/OS	平面设计，矢量绘图
6	剪映	PC/手机	对初学者而言，易上手，功能一般

三、光影构图

在拍摄短视频时，光影构图被弱化了许多。大家应该多关注置景，看看商务场景有哪些，如老板办公室、员工办公大厅、写字楼和商场等，在拍摄室内场景时，小道具能增色不少，书本、奖杯、地球仪之类的摆件都可以让画面丰富起来。这些都是快速提高画面质量的小方法，大家在服装、化妆、道具方面也应精益求精。

构图方面，有以下 5 种常见的构图方法。

1. 三分构图法

在运用三分构图法时，人物应占画面的 2/3 以上。尤其是采用竖版拍摄方法时，构图应饱满，留白不宜过多，但要有适当的留白，人物居中或者向右一点都是可以的（见图 6-1）。

图 6-1　竖版拍摄三分构图法应用范例

注：图片肖像经授权使用，仅用于讲解短视频拍摄、剪辑部分内容。

2. 对称式构图法

对称式构图法是最简单的利用场景制造美感的构图方式（见图 6-2）。

图 6-2　对称式构图法范例

3.汇聚线构图法

汇聚线构图法具体形式可参考图 6-3，此构图法可以很好地抓住重点，突出内容的主题。

图 6-3　汇聚线构图法范例

4. 黄金分割构图法

黄金分割构图法的具体应用可以参考图 6-4。

图 6-4　黄金分割构图法范例

5. 垂直线构图法

垂直线构图是一种相对专业的构图法，能让画面中的人物显得更高大，具体范例见图 6-5。

图 6-5　垂直线构图法范例

特别提醒：3 种常用的打光技巧

光需要阴影，没有阴影，画面就毫无美感可言，图 6-6 介绍了短视频呈现的打光技巧，下文将介绍 3 种常用的打光技巧。

图 6-6　短视频呈现的打光技巧

注：图片经授权使用，仅用于讲解打光技巧。

（1）伦布朗布光法，如图 6-7 所示。

- 打光在人的前方 45 度位置。
- 打光高过人的头部。
- 右侧面部眼睛下有光，但是光线不能太亮。
- 最标准的情况是在人的右侧面部有一个倒三角形的光点。

图 6-7　伦布朗布光法

注：图片经授权使用，仅用于讲解打光技巧。

（2）背景打光法，如图6-8所示。

- 亮度不要超过人物脸上的光。
- 能让人看清楚人物身后都有什么。
- 在人物后面打光。
- 在背景的30度位置打光。

图6-8 背景打光法

注：图片经授权使用，仅用于讲解打光技巧。

（3）暖光打光法，如图 6-9 所示。

- 亮度不要超过人物脸上的光。
- 有冷色调大白光时，可将其作为辅助。
- 在人物正后方或者人物后侧 30 度位置打光。

图 6-9　暖光打光法

注：图片经授权使用，仅用于讲解打光技巧。

四、运镜方法

短视频运镜方法大致有 3 种：手持拍摄法、脚架固定拍摄法和稳定器跟随拍摄法。

（1）手持拍摄法适合拍摄第一人称视角的短视频。

（2）脚架固定拍摄法适合稳重、正式、长时间的录制拍摄。

（3）稳定器跟随拍摄法花样很多，可以加入一些高级运镜方式，如遮挡物开场移到被摄主体后，创作者可以灵活采用推、拉、摇、移、跟、升、降等拍摄技术，也可以采用变焦拍摄方法，同时也可以安排人物入画、出画增加高级感。总体来说，拍摄是一个长期积累经验与长期学习的过程，有许多创意玩法值得尝试。

第二节 现场调度：主播情绪及状态调整、现场场景调度

新人主播常常面临一些意料之外的情况，学会调整自己的情绪、保持良好心态对于一个成功主播而言，十分重要。刚开始直播时，主播往往会碰到以下几方面的问题，有时需要直播间小助理或场控①出面解决。

一、直播间刚开播，没有粉丝怎么办

辛辛苦苦筹划了那么久，直播间只有寥寥数人，怎么办？新人主播难免会情绪低落，直播氛围不好，留住粉丝也十分吃力。

场控的作用此时会显得十分重要。场控氛围组发力，可以找公司自己的同事维持一下直播基本的热度和流量。一方面可以缓解新人直播紧张的情绪，另一方面也方便监测直播状况，为新进用户做好流量承接工作。而主播自己也要调整好心态，想一下平时自己打游戏或者演讲时的状态，全身心投入直播这一场景。

二、遭遇"黑粉"骂人，心态崩溃怎么办

有一句话说得好，坏名声比好名声影响更大。这个观点虽然较为极端，但至

---

① 场控：指场面控制者（管理员）。——编者注

少可以说明，有人骂你，也就有人关注你。主播首先应该感到欣慰，没有人可以被所有人喜欢，有一两个黑粉①很正常，主播做好自己的直播本职工作，吸引自己喜欢的人就好，无论如何应记住，一定不要和黑粉对骂。

场控的作用：对于屡教不改、影响恶劣的黑粉可以作禁言处理；对于一般的黑粉，氛围组可以通过控制评论，引导话题方向。

三、粉丝流失怎么办，粉丝不肯付费怎么办

辛辛苦苦吸引来了粉丝，粉丝却不愿意付费，甚至取消关注，该怎么办？这时主播就要思考一个问题，粉丝为什么不愿意付费，是不是你的付费课程或者直播内容不能让他获益，价值感较低？此时有以下2种做法。

1. 与粉丝保持互动

主播应加强与粉丝的互动，直播互动率高是粉丝进行转化的前提，如果粉丝连评论都不愿意发，又怎么可能愿意付费呢？主播在直播的时候要多引导粉丝，比如回答粉丝的问题，或者主动问粉丝有没有听懂，听懂了"扣个1"等。

2. 合理进行销售引导

如果说互动决定了粉丝的打赏意愿，那么销售引导则决定了粉丝的付费转化率。试想一个问题，假如你在卖一套炒股课程，直播中你把所有该讲的知识点都讲完了，粉丝就完全没有购买课程的必要；假如你在直播中什么都不讲，粉丝又不会信任你，更不会购买这套课程。正确的做法是将直播作为一个钩子，只在合适的场景、时刻使用，引导粉丝转化。

---

① 黑粉：网络流行语，指基于利益对特定明星实施抹黑作业的群体。——编者注

第三节 后期剪辑：从基础入门到升级混剪

短视频制作要遵循一个原则，即用最快的时间制作出最优质的视频。剪辑是短视频拍摄之后后期处理的重要一环。市面上的剪辑软件五花八门，我们在这里主要推荐两个软件，一个是抖音官方的手机版软件——剪映，适合用来锻炼剪辑基本功；还有一个是 Adobe 公司的专业电脑剪辑软件——PR，属于较为高级的后期处理软件，适合有一定剪辑基础的人。

一、剪映：基础入门

1. 剪映软件介绍

安装剪映仅需一部手机，适用场景一般为口播类短视频，适合对后期要求不高，只须简单添加字幕、选择背景音乐的创作者。产品优势为操作简单、上手快；劣势是功能不足，对于需要混剪或者其他复杂操作的视频无能为力。

2. 剪映操作指南

- 手机下载剪映 App，在打开进入主界面后，点击"开始创作"，导入素材就可以操作了。另外，可以使用右侧的"剪同款"直接套用软件自带的热门模板进行创作。

- 导入素材后，下方菜单栏有一系列操作，可以对原始视频进行剪辑，添加音乐、加字幕、贴纸、特效等操作。
- 点击"文本"选项，可以将视频转化为字幕。这项操作可以节省创作者的时间，提升剪辑效率。
- 软件后方还可以对视频画布进行调节，以及调节视频的亮度、对比度、饱和度等，一切调整完成后，点击右上角的导出，创作者就可以获得一条新的视频了（见图6-10）。

图 6-10　剪映的基础操作界面示意图

二、PR：升级功能

1. PR 软件介绍

PR 软件安装环境多为电脑，适用于混剪类视频、复杂效果类视频等，其产品优势在于功能较为强大，基本上可以满足所有的剪辑需求，但操作有一定门槛，制作成本较高。

2. PR 基本操作指南

（1）新建：打开软件后新建项目，设置项目名称以及项目文件保存位置，单击确认；软件顶部菜单栏包括文件管理、序列管理、保存项目、导出视频、剪辑等功能。

（2）导入：在剪辑时先单击文件，导入我们所需要的视频和音频素材，我们在左上角项目栏中可以管理所有素材，也可以单击某一个素材，并将其拖入序列轨道（见图 6-11）。

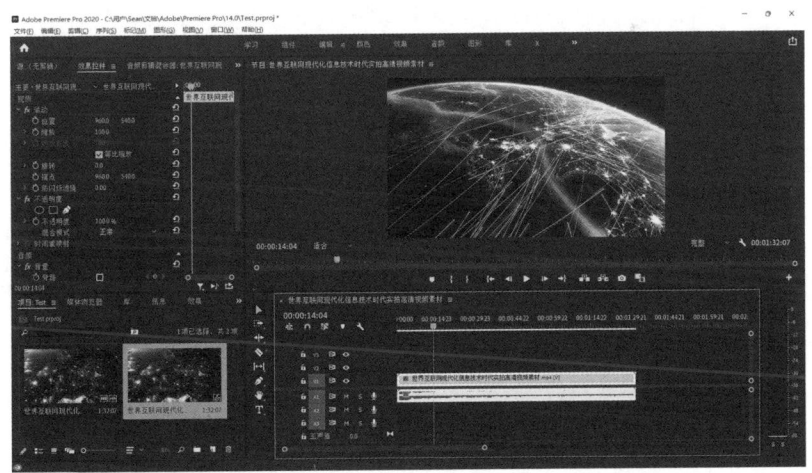

图 6-11　PR 中导入视频及音频素材界面示意图

(3)剪辑：工具栏中的"剃刀工具"可以对视频进行裁剪、拼接等基本操作（见图6-12）。

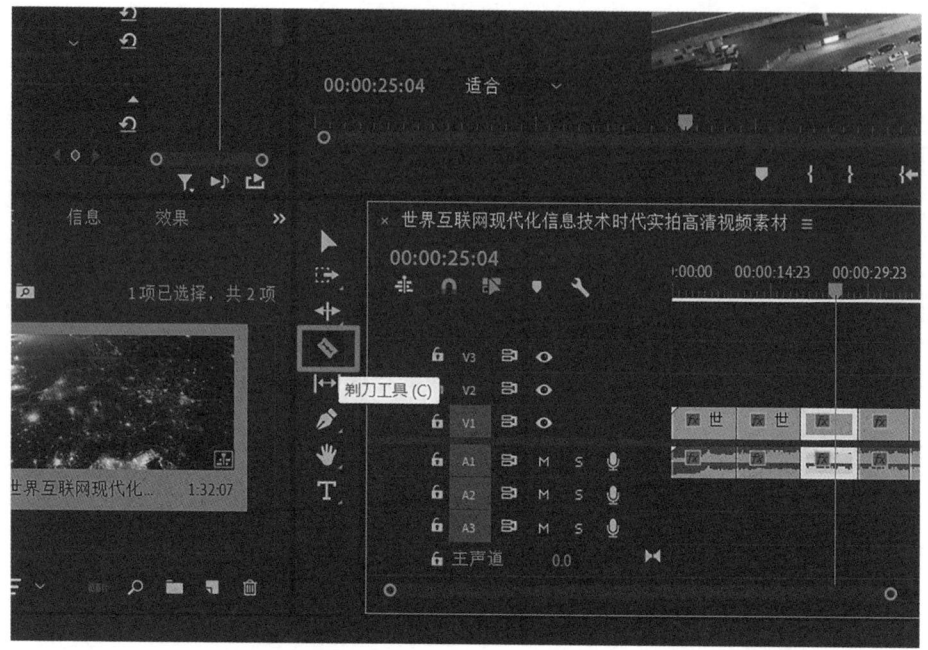

图6-12 用"剃刀工具"对视频进行裁剪及拼接界面示意图

(4)效果：效果栏中可以添加转镜过渡效果、音频效果，在效果控件中可调节具体的效果参数。

(5)编辑：对视频的后期剪辑和加入简单效果都是通过软件左侧工具进行的，创作者如果需要查看效果，可以在右上角的节目模块进行实时预览。编辑完后，创作者可以点击文件导出媒体文件（见图6-13和图6-14）。

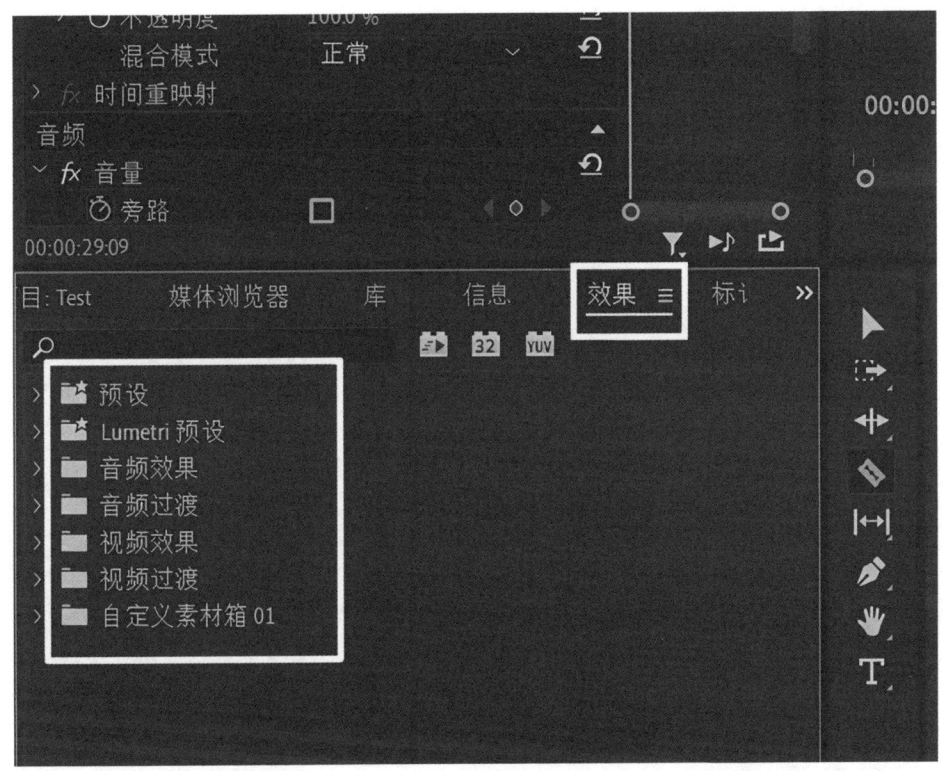

图 6-13　实时预览、查看媒体文件界面示意图

从 0 到 1 玩转金融短视频直播

图 6-14 导出编辑好的媒体文件界面示意图

（6）导出：在导出界面可以调节具体视频参数，导出时视频格式最好选择 H.264，即我们常说的 mp4 格式（见图 6-15）。

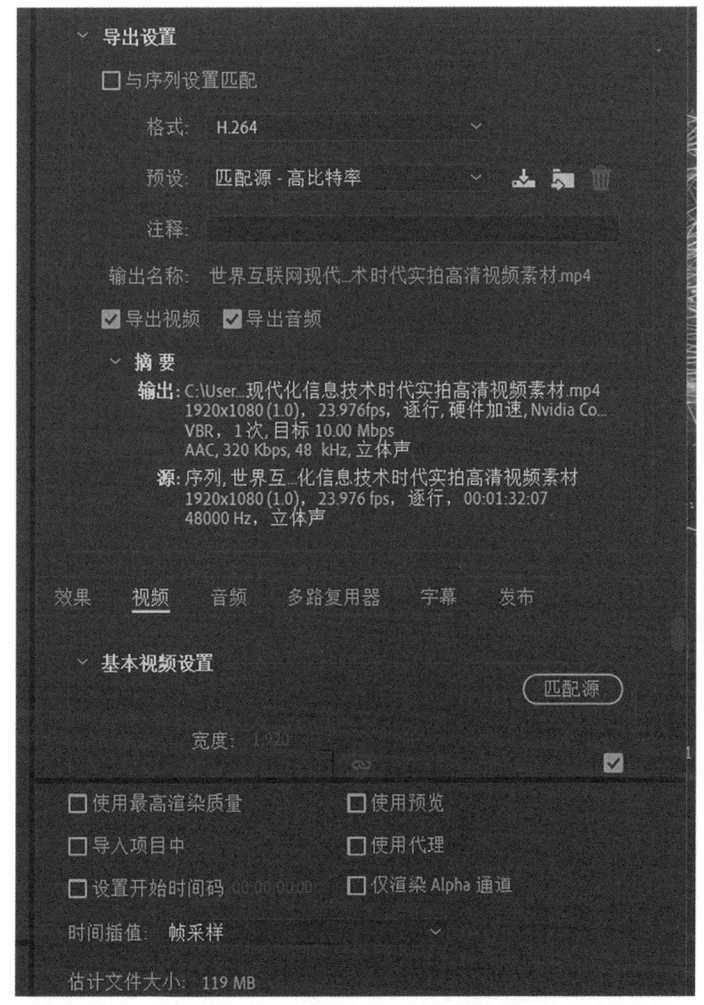

图 6-15　调节视频参数界面示意图

3. PR 常见功能介绍

（1）视频调色。相机不能完全还原真实的颜色，有时可能会出现过亮或过暗的情况，所以需要通过调色达到最佳效果。

（2）添加字幕。PR 具有添加字幕的功能。

（3）效果操作。有时候我们需要添加一些特殊的视频效果，比如视频间切换的效果，一些音频淡入、淡出的效果等。

第四节 音频处理：现场收音、背景音乐选择、后期修音

一、现场收音

在要求不高的情况下，我们直接用手机自带的录音软件收音就可以，录音效果一般。如果追求高品质的录音效果，我们需要用一些专业的录音设备。

二、背景音乐选择

- 剪映直接链接了抖音的音频库，创作者可以直接一键选择喜欢的音乐作为背景音乐。
- 常用的音乐网站或音乐 App 上资源较为全面。
- 创作者可通过互联网搜索功能下载需要的音频素材。
- 创作者可以在一些常见的音乐素材网站上寻找资源。

三、后期修音

1. 软件：Adobe Audition（AU）

软件的主要功能为对录音进行降噪处理。录取的声音可能有环境噪声，所以

需要用 AU 进行修音。

2. 操作指南

（1）降噪处理：对噪声样本降噪，主要操作有以下 4 步。

第一步：在 AU 中导出需要处理的音频文件（见图 6-16）。

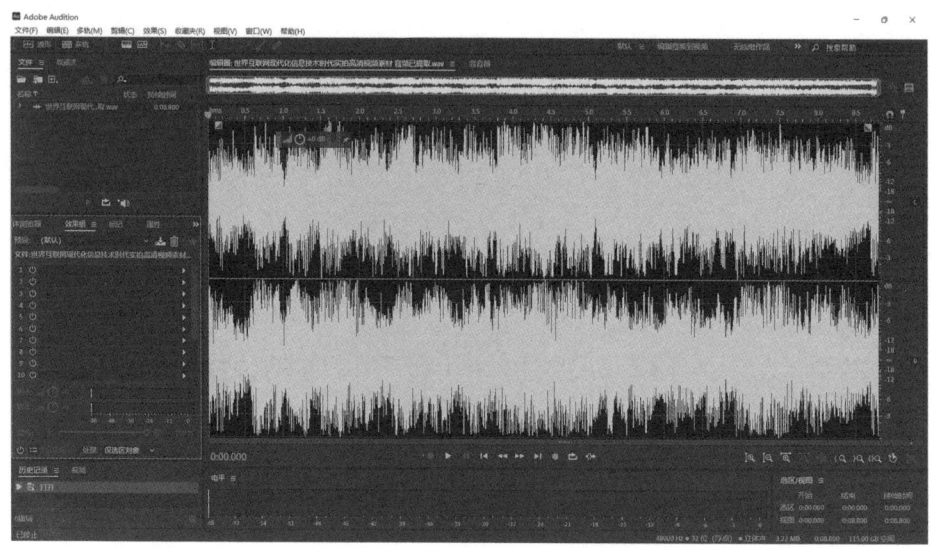

图 6-16　导出需要处理的音频文件界面示意图

第二步：在音频编辑器中选择其中一段含有噪声的音频（沙沙声部分）（见图 6-17）。

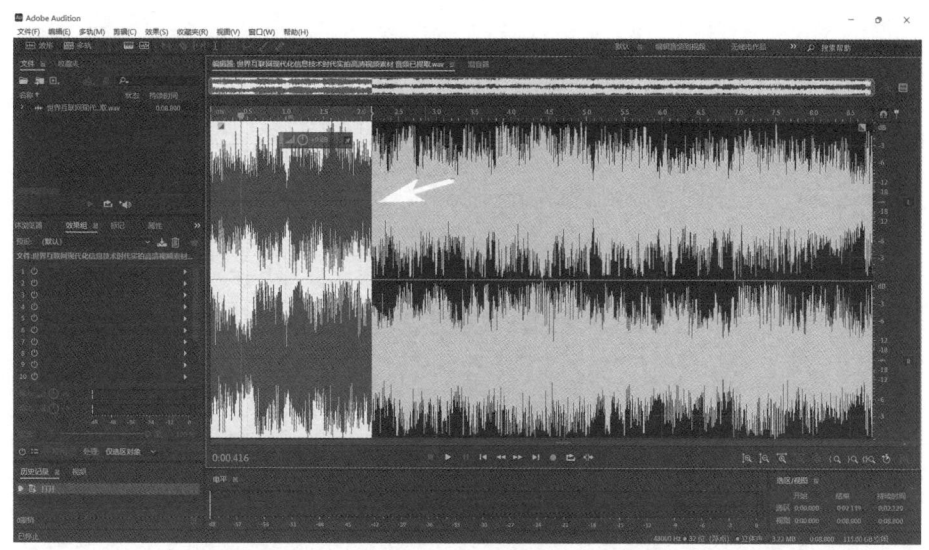

图 6-17　选中需要去除的噪声界面示意图

第三步：选中噪声部分之后按下快捷键"shift+P"捕捉噪声样本[①]，选择要进行降噪的音频段，也可以将整段音频全选，然后同时按住"shift+ctrl+P"唤出降噪窗口（见图 6-18）。

第四步：弹出窗有降噪和降噪依据两个调节度，两个默认值都是 100，数值越高意味着噪声被处理得越干净，但人声失真的可能性也越大。创作者可自行调节，也可以直接使用默认值。数值调好之后单击"确认"，等待软件自行处理（见图 6-19）。

[①] 或者在菜单中选择效果→降噪/恢复→捕捉噪声样本。——编者注

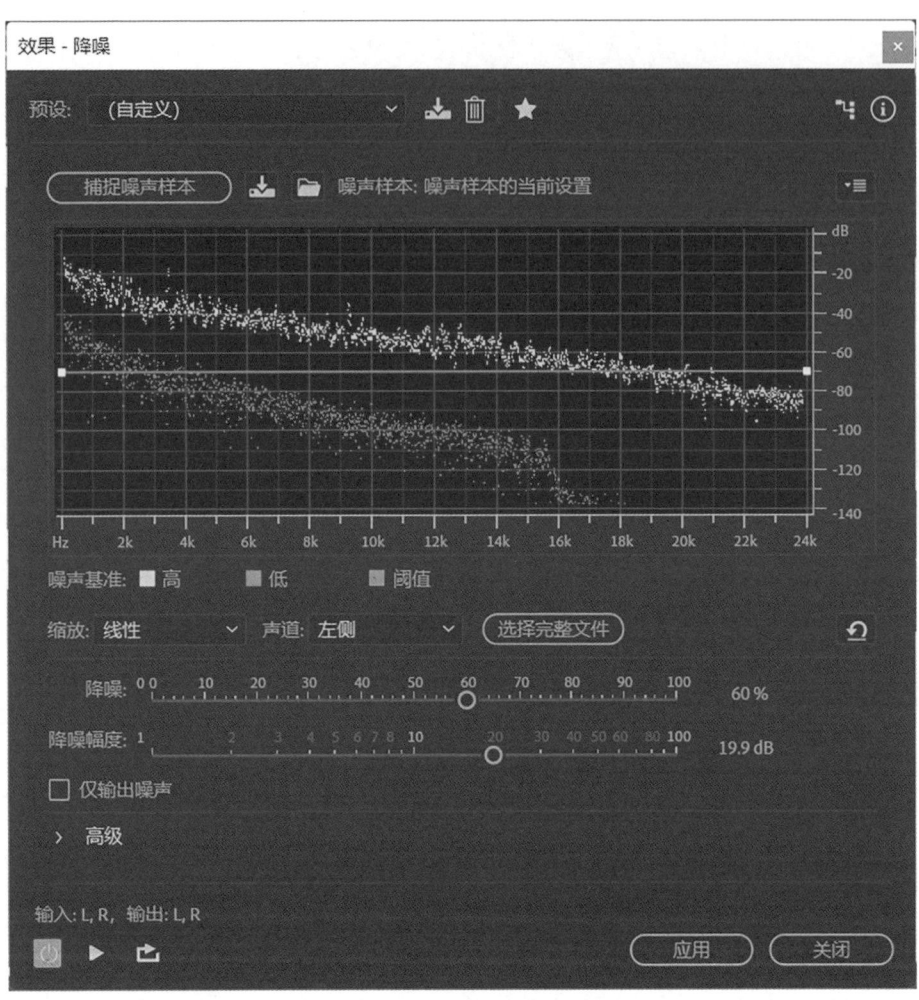

图 6-18 降噪窗口界面示意图

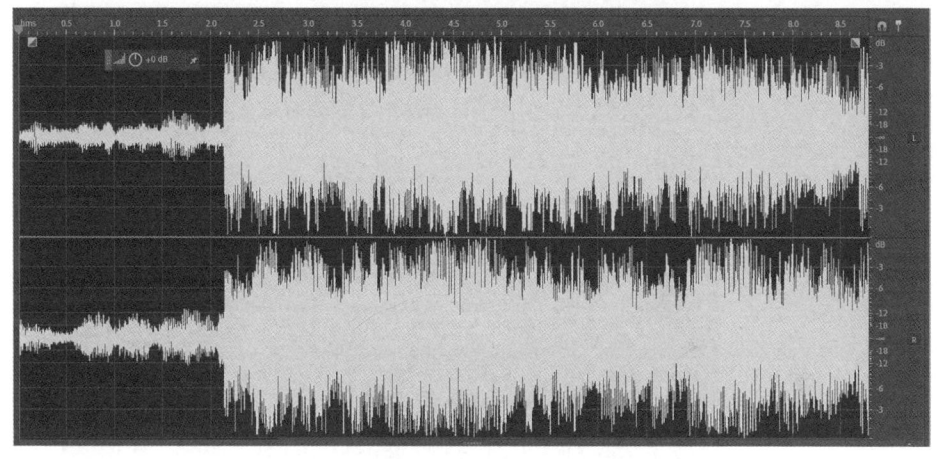

图 6-19　降噪处理效果对比界面示意图

（2）去除杂音：污点修复工具。

第一步：在 AU 中打开要处理的音频文件（见图 6-20），单击"显示频率频谱显示器"按钮。

第二步：使用污点修复画笔工具，选定需要去除的杂音，然后等待软件进行修复操作（见图 6-21 和图 6-22）。

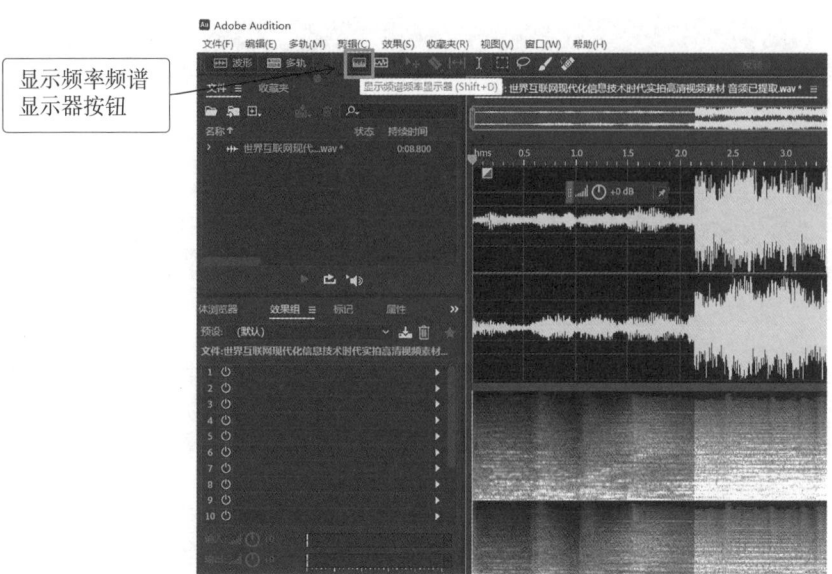

图 6-20　导入需要处理的污点音频文件界面示意图

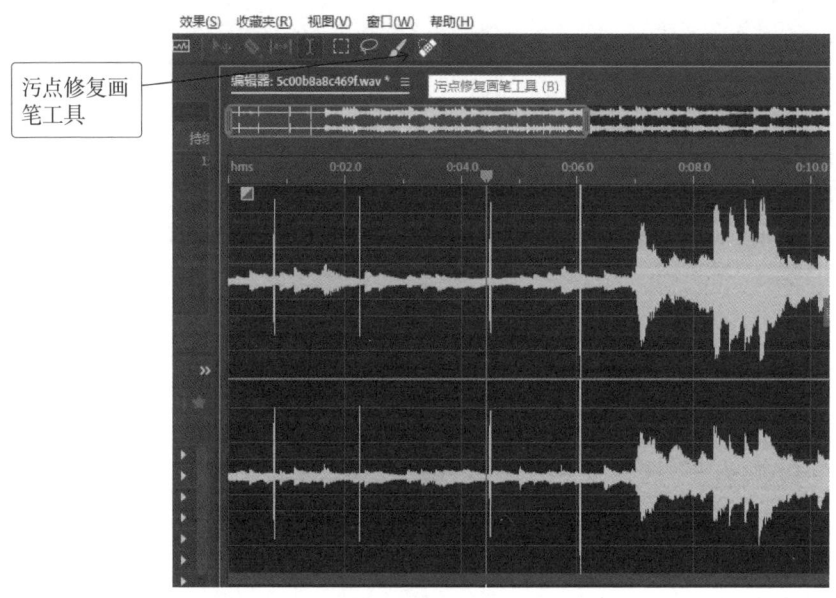

图 6-21　污点修复画笔工具界面示意图

图 6-22 杂音区域选中去除、等待修复界面示意图

第七章 07

金融类直播实战

第一节 直播前工作准备

一、直播主体开播资质要求

我们在直播开始前,需要确保自己的账号已完成直播认证申请。下面以抖音平台为例,介绍一下各金融机构主体开通直播的资质要求(见表7-1)。

表 7-1 各金融机构主体开通直播的资质要求

开播主体	开播要求	备注
保险公司	营业执照、牌照、链接三合一;向保监会、保险公司进行抖音短视频合作报备	保险机构自营平台需要向监管部门报备,同时需加白[①],如售卖保险产品,则落地页需与广告主域名及广告主官网一致
证券公司	持牌券商:包含证券投资咨询、证券经纪	要求开播主体为总部及分公司,营业部或关联公司暂不予接受;需完成企业号认证
证券投资顾问公司	持证券投资咨询牌照	需总部及分公司主体,营业部或关联公司暂不接受;需完成企业号认证;需加白
公募基金公司	持牌基金公司	需为总部及分公司主体,营业部或关联公司暂不予接受;需完成企业号认证

（续表）

开播主体	开播要求	备注
主播个人资质	提供保险公司、券商、证券投顾公司、基金公司从业资质	如开展宣传营销需要从业资质；如开展投资教育则需要投资顾问资质，同时需要在直播间展示所属机构、个人姓名及执业证编号等信息
企业员工号	员工号需与企业号完成绑定，再由企业号授权给员工号	企业号主体与员工主体需一致

①加白为加入平台白名单，白名单即为达到平台准入标准。——编者注

这里笔者重点讲的是主播个人在抖音开通直播认证的情况。具备相关从业资格证书、任职于金融机构、提交个人身份证正反面等是平台公开、已知的条件。但是很多具备上述资质、满足认证条件的账号有时也不能通过平台的直播认证。认证失败一般存在两种可能：一是该账号下的短视频内容与认证直播资质的认证方向不一致；二是该账号发布的过往视频存在违规问题，如今平台对财经类个人主播资质认证的审核非常严格，过往视频涉嫌违规也可能影响开播认证。

部分机构蓝 V 账号在开通了财经直播认证后，如需挂直播组件、小程序、外链跳转及进行企业号 AD 账户引流投放，必须向平台进行商业化申请。流程需要提供的资料以及准入要求以平台公布的规则为准。主播个人账号只允许与之认证身份相匹配的人用来进行直播，平台严禁借助他人注册的执业信息进行直播的行为。

二、衡量主播专业度的 6 大模块

- **上镜礼仪**。符合外形条件不等于形象高，直播时要选择适合账号自身定位的

外形。主播在上镜前，需提前进行练习和准备，准备工作范围涵盖妆容、穿戴、发音等方面。

- **镜头感**。镜头感是需要经过不断实战才能培养出的一种感觉，包括台风训练、捕捉训练和破冰训练等。
- **运营基础知识**。主播需要熟悉运营的基础知识，了解团队各个岗位的工作职责，以便于更好地配合团队工作，解决突发情况。
- **产品知识**。主播需要充分理解整场直播的脚本，并做到完美执行，也需要充分地掌握产品知识，向粉丝传递有价值的信息。
- **互动能力**。主播在高频输出内容的同时，也需要适时地进行公屏互动，以便于了解自己的粉丝。
- **高压线**。主播在直播前要清楚直播中有可能发生的情况以及应对措施，以免因直播中出现突发状况而不知所措。主播应具有一定抗压性和处理事情的能力。

在直播正式开始前，主播应当依据账号定位进行形象设计。形象设计应注意保持与直播内容整体风格统一。新人主播需了解，在积累粉丝阶段，你的每一次大幅度地更换形象都会让粉丝重新认识并了解你。形象方面，建议多次直播的发型保持统一，着装上你可以选择有趣的、定制化的衣服，但应符合主播的人设定位。一个招牌手势或口头禅也可以让主播的形象立体化、标签化，正如流行的"梗文化"一样，可以令粉丝印象深刻。

三、直播间的场景布置

一般直播内容决定了直播间对于场景及物料的需求。进行宏观政策面解读与开展热点板块分析的主播，仅需一部手机，一个固定且安静、设施配备完整的直播间以及一些简单的灯光效果。分析实盘的主播可能需要用到绿幕直播。绿幕直播又叫虚拟直播，在场地的选择和创意上，它可以提供更大的想象空间，如果想构造一些现实中不存在的场景，绿幕技术可以轻松搞定。与普通LED相比，绿幕直播能让观众有更沉浸式的体验，使其既不受场地环境限制，也不受地点限制。一张绿幕、一套设备就可以完成绿幕抠像，实现虚拟直播。直播间应特别注意灯光的布置，明亮的光线可以让直播间显得清晰、干净，让主播显得精神饱满。

直播间场景布置所需设备清单（初阶版）如表7-2所示。

表7-2 直播间场景布置所需设备清单（初阶版）

序号	分类	推荐设备
1	摄像	建议：iPhone8以上机型 iPhone12 Pro max（A2412）256G
2	返送	
3	备用	
4	背景板	海报打印机
5	专业麦克风	飞利浦DLK38001
6	外置摄像头	广角／微距／鱼眼
7	手机支架	泰火手机直播支架补光灯
8	灯光	主光源：爱图仕LS 120d Ⅱ
9	其他设备	灯光、设备电源线／充电器、插排
10	其他所需	桌椅、道具、提示用白板

直播间场景布置所需设备清单（高阶版）如表 7-3 所示。

表 7-3　直播间场景布置所需设备清单（高阶版）

编号	类型	器材需求	规格要求	可用型号
1	摄像	高清 DV（主机位）	—	高清 DV：索尼 AX-700
2		专业微单（产品特写）	不低于 4K	松下 DC-S1 HGK 索尼 A7M3 尼康 26
3		内存卡	128G	闪迪 SD 卡 128G
4		M3 电池	二电一充	索尼微单 A7 相机电池
5		脚架	固定机位 竖排需单独购买 L 架	米泊 MTT602A 摄像机三脚架 打鸟单反三脚架
6	导播	导播切换台	不少于 4 路 4K 信号	领地 LD-manor
7	音频	小蜜蜂	—	索尼小蜜蜂 UWP-D11
8		声卡（简易调音台）	输入接口不少于 2 路	雅马哈 AG06
9	灯光	摄影灯		
10	推流	推流电脑	—	—
11		视频采集卡	—	—
12		后台电脑		
13		主光、辅光、背景光		主光源：爱图仕 120d 辅光源：品色 P45C
14		专业级工作电脑		戴尔外星人 M17 或自行组装高配置电脑
15		笔记本	（不低于 4k，性能强）	天创恒达 UB570Pro
16	其他设备	KT 板	固定背景	
17		电子屏幕	背景电视 65 寸 （144cm*81cm）以上 高清竖屏带支架	
18		手机	—	苹果/三星/华为
19		白板		
20		二合一转接头	至少有充电口和 HDMI 口	

注：列举以上直播设备仅为配合讲解本书内容，不做产品推荐。

四、绿幕直播间操作步骤

绿幕直播间操作步骤如下。

- 搭建一个绿色背景的直播间,可以选择使用绿布或绿色喷漆,将直播间布置好。

- 打开直播伴侣软件或者 OBS 直播推流软件,加载直播用摄像头。如果是选择 PC 端推流,可以直接单击工具栏的"虚拟背景"按钮,进入设置状态(注:目前仅支持 win7、win8、win10 系统)。

- 如果画面内有绿色边缘,是因为抠图工作没有做好;摄像机码率较低会导致头发边缘闪烁,背景颜色与主播颜色不符,视觉上较为突兀,场景代入感差。

绿幕直播间的一些注意事项如下。

- 展示主体身上不要出现与背景太过接近的颜色。主播的衣服颜色不能太亮,尽量穿与绿色对比明显的深色衣服,不建议穿太过花哨的衣服,直播摄像头建议使用高清设备。

- 采集颜色越深越好(建议:颜色采样 10bit 4:2:2)。

- 绿幕抠像最佳距离为 1.5m 左右,以绿幕背景上没有影子为准,减少主体投影可使背景抠像更为精确。

- 将直播镜头光圈收小,控制人物和背景之间的景深并防止边缘虚化。

- 绿幕抠像直播的常规配置为四灯组合。

- 无论是哪种绿幕,要避免过多褶皱,不要有暗角。

- 避免人物与物品的快速移动。

五、直播间团队配置

一个相对比较完整的直播间团队配置大致如下。

- **主播：** 主要负责直播间内容输出与产品讲解，需要统筹全场，适时地控制直播节奏。

- **副播：** 负责回答公屏区问题，辅助讲解产品相关信息、进行产品展示、引导粉丝点赞、加关注、加粉丝团，或演示整个购买流程。

- **运营：** 负责选品组货（电商带货类）、直播策划、直播脚本框架设计及直播数据的运营和推广。

- **场控：** 一般电商带货团队会有场控一职，主要负责直播间现场秒杀及产品改价、库存核对、活动优惠规则讲解、店后台设置、配合PC直播端产品讲解，会根据销售数据安排讲解顺序（给主播写小纸条等）。

- **屏控：** 屏控的操作人一般被定义为直播间管理员。管理员负责刷屏活动信息、禁言黑粉，文字回复部分粉丝的问题，飘屏提示主播直播中有违禁词，评论助理负责带头和主播互动，提出粉丝关心的产品问题（问题是事先设计好的），并且主动给好评。

- **拍摄剪辑：** 负责直播前的拍摄工作，发布直播切片视频，根据视频数据再临时加拍爆款，或者使用视频消重软件进行临时调整。

- **投手：** 负责信息流和Dou+投放推广相关工作，优化投放商品转化成本及总目标ROI产值；每日监控投放营销交易数据，结合数据分析优化账户推广媒体渠道广告位和投放素材提升投放商品点击转化率；在直播间进行引流投放。

- **客服**：回复客户售前问题，处理售后问题（注：千万不能让有售后问题的粉丝在直播间带节奏）。

在直播初期阶段，团队成员分工未被精细化，一人可能身负多岗位角色，此时可以追求高效率和高效益。一般直播间用不到特别全的配置，此时副播可兼任场控和直播间助理，运营可兼任屏控、投放或者客服。如果是机构蓝 V 号正进行直播，那么可以配备专门的投手搭建投流计划。

六、直播账号规划

直播账号应当保证内容风格固定，最好与短视频输出内容保持一致。擅长进行基本面分析的主播可以分析宏观经济政策、产业政策或者热点板块方向内容；擅长讲技术面的主播可以分析 K 线指标、技术走势结构或者战法。直播前，创作者需要整理出直播内容框架并将其体系化，持续直播。具体注意事项有以下 2 点。

- 直播前明确账号定位，机构蓝 V 号开播前需确保已加白且转化链路清晰完整，个人号开播前必须提前做好 IP 粉丝客户群体分析，有针对性地对 IP 所辐射的用户群体进行内容规划。
- 直播主题内容需有针对性地吸引用户，也就是明确本场直播主题的目的，是吸粉、留资还是带货。在具备带货能力的直播间（如部分保险产品），需要加入产品介绍、促进成交的话术等售卖技巧。

七、直播时间

直播开播时共有 3 点建议。

第一，在固定时间开播，一般 19:00—23:00 为金融类直播的流量最高峰。在这个时间段直播的人数多，但主播竞争压力也大，财富类直播账号需特别注意以下几个时间段（见表 7-4）。

表 7-4　直播开播时间特点一览

时间	特点
交易日 8:00—9:30	开盘前时间，适合进行二级市场盘前解读
交易日 9:30—11:30	交易盘中，适合进行二级市场盘中解读，特别是早盘有大涨或大跌情形时
交易日 13:00—15:30	交易盘中，可以做二级市场收评，也可以对市场板块进行解读
交易日 19:00—23:00	适合各类型主播，此时流量最大，竞争压力也最大

第二，长效直播，一般每场直播的时长不要低于 1.5 小时。尤其是当新号刚开播时，如果直播时长太短，可能平台流量还没开始推流，你就下播了。新号开播的频率建议每周不少于 5 场，持续开播在整体的投放成本和推荐权重上都有正向的效果，直播的时间间隔不宜过长，如发了直播预告，播主当天最好准时上线直播。

第三，短视频爆量后可以立即开播，通常若短视频爆量，平台会得到持续的推荐，此时开播将吸引刷到短视频的粉丝进入直播间观看，直播间的人气会有明显提升。

八、直播流量

通常，直播间有两种流量来源：一种是自然流量；另一种是付费流量。自然流量可能来自粉丝，也可能来自视频推荐流，或者是通过分享站内外而来的外部流量。付费流量主要是通过 Dou+ 投放和 AD 账户投放而来。

如果你是企业主的蓝 V 账号，那么建议使用 AD 账户进行投流。AD 账户是广告主在平台代理商开立的广告账户，需抖音授权的蓝 V 账号与广告主后台的

AD 账户进行绑定，同时财经类账号需与平台申请加白，蓝 V 账号直播间才可以进行投放。

如果你是个人账号，想要做直播间引流，那么建议使用 Dou+ 投放，操作更加便捷、简单。个人账号如想用 AD 账户投流，需和蓝 V 账号做子母号绑定，并给予子账号授权，才可以进行直播间投放。

与 Dou+ 相比，AD 账户投流的定向维度、产品能力和数据模型更专业，吸引到的粉丝也更加精准，投放的成本也可能稍低一些。

第二节　直播间工具使用

通常来讲,直播工具有 3 种,手机开播、直播伴侣开播(适用计算机、相机等设备)以及 OBS[①]。在某些特殊场景下,创作者单依靠手机无法满足直播需求,有时需要切换为计算机屏,直播过程中我们还可能有更多场景切换的需求。有时直播达人对视频度有更高的要求,此时我们推荐使用抖音直播伴侣(具体清单见表 7-5)。

表 7-5　直播常用工具清单

工具名称	用途	收费/免费
手机	点击"+",选择"开直播"即可	免费
抖音直播伴侣(电脑端)	投屏,进行多场景切换、直播管理	免费
OBS	全平台推流	免费

[①] OBS:是一个免费的开源的视频录制和视频实时流软件,功能多样,被广泛用于视频采集、直播等领域,全称为 Open Broadcaster Software。——编者注

一、直播伴侣的使用教程

1. 登录

初次使用需要登录软件：选择要开播的平台→选择扫码或者手机号登录方式。

2. 开播与设置

软件界面如图 7-1 所示。

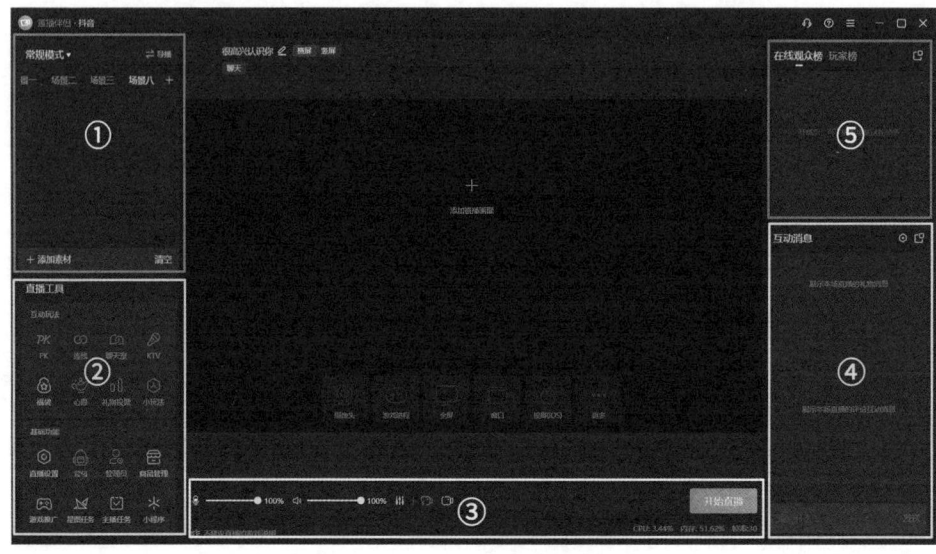

图 7-1　直播伴侣使用界面示意图

- 区域①：管理场景、添加素材、切换横竖屏。
- 区域②：常用的一些直播功能。
- 区域③：开关播控制、性能占用情况、官方公告。

- 区域④：直播榜单。
- 区域⑤：弹幕窗口。
- 中央区域：直播画面采集预览。

3. 直播

主播调整好素材和排列布局后，单击"开始直播"，即可开播。直播过程中，主播可以单击"开始录制"进行录制，在直播设置面板可以设置视频、音频、录像。

4. 音频设置

主播可以通过推动声音滑块控制捕获的麦克风和扬声器音量的大小，并在"高级设置"中设置麦克风的降噪模式等。

5. 视频设置

主播可以根据测速的结果智能推荐进行设置（测速时长大约1分钟），也可以进行自定义设置。这里需要注意：应选择合适的码率，码率并不是越高越好，高码率对主播的网络情况要求更高。视频编码尽量选择硬编方式，这样可以最大限度地降低电脑负载，如非特殊情况，选择"默认"即可。

6. 录像设置

录像存储目录及录像格式皆可自定义选择。

7. 直播间设置

主播可以单击"标题"直接修改，单击标题右侧按钮可以打开直播间设置弹窗，对直播封面、话题、直播内容等进行设置，精准的直播分类可能会带来更多流量，此时主播应注意以下 4 点。

- 无直播封面，将会被限制推荐。
- 不开启定位，会影响连麦推荐。
- 有些分类会自动绑定话题。
- 开播后可以修改以上各项。

二、直播伴侣常用功能

1. 安卓投屏设置

- 添加投屏素材。
- 连接安卓手机，关闭"开发者选项"与"USB 调试模式"，手机将会自动下载投屏助手。
- 可以在设置中选择使用手机麦克风或电脑麦克风。
- 连接手机后，如果出现投屏异常提示，请重新插拔手机的 USB 数据线；如果还是无法投屏，请尝试重启手机及相关直播软件（见图 7-2）。

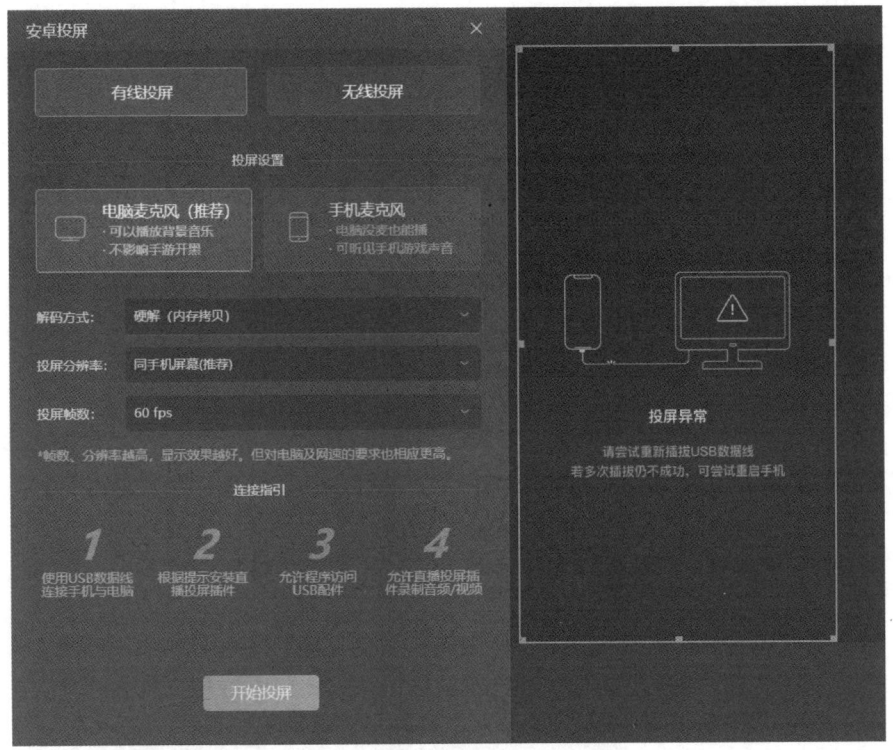

图 7-2　出现投屏异常提示时的处理方法（安卓）界面示意图

2.iOS 投屏设置

- 添加 iOS 投屏素材。

- 连接苹果手机，并选择"信任此电脑"。

- 连接手机后，如果出现投屏异常提示，请重新插拔手机；如果还是无法投屏，请尝试重启手机及直播软件（见图 7-3）。

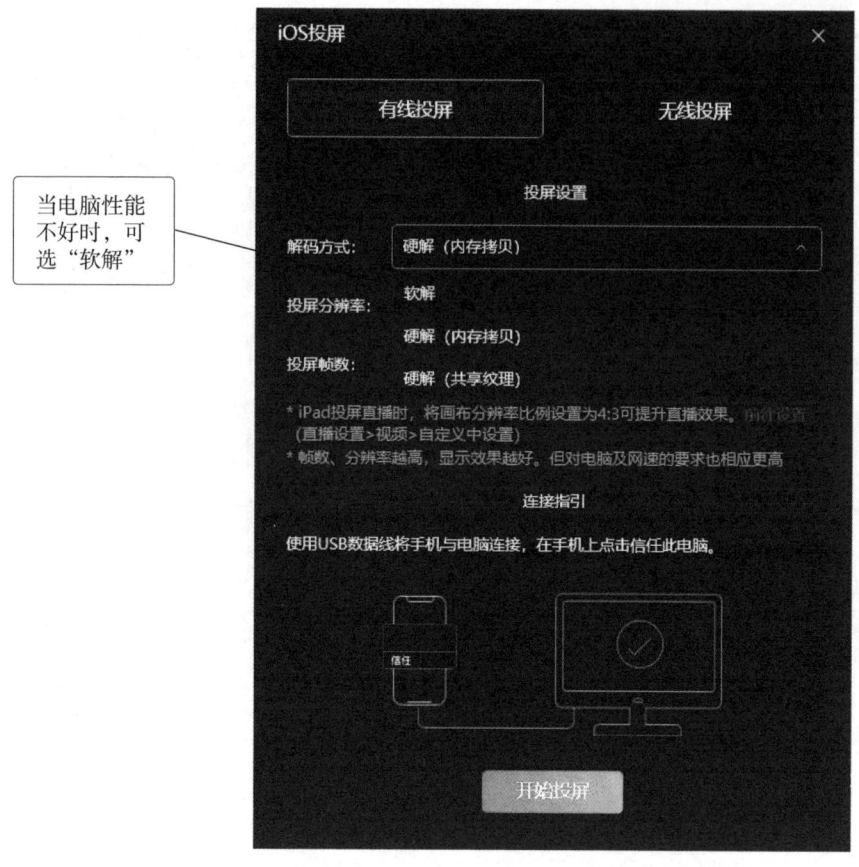

图 7-3　出现投屏异常提示时的处理方法（iOS）界面示意图

三、直播工具可使用场景

1. 商品管理

单击"商品管理",界面跳转至巨量百应平台,此时主播可以直播带货(见图 7-4)。

图 7-4　直播间常用工具界面示意图

2. 福袋

直播伴侣提供了与观众互动的方式，抽奖被分为钻石福袋和自定义福袋。钻石福袋可以设置钻石数、福袋领取人数、倒计时及福袋口令等。自定义福袋需要经过后台审核，审核通过后，粉丝即可参与抽奖，主播通过福袋可以向特定粉丝发放奖品（见图7-5）。

图7-5　直播工具"福袋"界面示意图

3. 连线

主播连线功能在 win7 环境下兼容性不佳，建议主播使用 win8 或 win10 系统体验主播连线功能。主播单击"连线"，即可以查看连线列表、邀请其他主播，等待对方接受邀请后即可以开始连线。注意，主播在打开时需要添加摄像头素材并单击"开播"才能打开连线列表（见图 7-6）。

图 7-6 直播工具"连线"界面示意图

第三节 直播整体节奏安排与互动技巧

直播整体流程设计的目的：一是确保直播顺利进行，防止主播忘词冷场，打乱直播节奏；二是最大限度地照顾粉丝情绪，方便与粉丝互动。直播准备工作一般可以分为直播前、直播中与直播后三个阶段。

一、直播前准备工作

直播前的彩排、流程预热及相关准备工作，都需要在开始直播前被测试，主播主要的工作安排有以下5个方面。

（1）找到一个对标账号。创作者可以从擅长领域、主播风格或直播间场景搭配等方面，找到一个与之对标的头部账号。在正式直播前，主播应多去学习，参考对标账号直播的形式、内容及互动方式等。

（2）编制一套直播的话术。主播可以参考对标账号编制一套适合自己的直播话术，重点是要输出有价值的内容及核心产品要点。

（3）制定一套岗位流程。在相对合理的实操过程中，流程场控是负责整场直播节奏、氛围及流程把控的，也负责进行产品讲解、设置飘屏特效，以及主持直播间互动及答疑；中控负责小店课程上架、优惠券发放、产品展示、发红包、发福袋；投手负责搭建广告投流计划，根据投放数据进行数据分析；直播间助理负责回复私聊、私信，及时处理用户投诉或将黑粉拉黑。

（4）直播开始前要做的一系列准备工作如下。

- 确定直播主题、直播时间及顺序，提前沟通直播排期、直播内容、开播时间及时长。
- 检查直播网络环境是否正常。
- 调整直播画面清晰度。
- 进行直播背景及光线的调整。
- 检查组件挂载是否可用，进行组件展示功能测试。

（5）如涉及引流投放，主播可事先准备拍摄与直播内容相关的视频。可以在视频上发直播预告小纸条，也可以利用其他渠道做好站内外的宣发工作，但各平台的宣传内容及节奏务必保持一致，在这里着重强调一些直播预告的工作安排。

- 提前准备直播封面图，画面与尺寸需符合要求，尺寸建议为1080×1920。
- 提前准备好直播前预热的短视频，这一工作需要至少提前一天确认并预留修改时间。
- 预热/预告视频的时长建议在1分钟左右。
- 预告内容应生动有趣实用、不无聊枯燥（此因素与账号本身粉丝类型、定位、内容强相关，笔者建议仅供参考）。做预告内容的目的是给直播间引流，创作者在发布视频时可以在结尾处或方案中添加直播预告时间，也可以贴直播预告的小纸条。
- 预热/预告视频的发布时间最好为直播前的3～4小时。

二、直播中工作安排

主播在直播前应进行场次规划，即根据直播时间长短合理地划分出几个不同的场次。主播还需考虑如何开场，中间场次应输出哪些内容与干货，福袋、红包等辅助工具应如何使用等，使其呈现完美的流量闭环。

直播内容主体及大纲的制定按照直播的时间节点被划分为不同的时段和环节，每个环节都应设计好要讲哪些方面的问题，该配套使用哪些辅助工具。例如每次直播开场前应和大家打招呼，告诉大家今天直播主要会讲到哪些知识点，结合行情分享自己的心得。确定讲解的内容方向并可设置悬念（埋梗）与直播时长，主播最好在开始直播时就列出今天要讲的知识点和干货，先引导观众点一波赞，再逐一进行观点分享。如果本次直播安排有福利，主播一定要提前向观众说明并且在引导的过程中重复提及。

在直播的内容衔接与场间互动方面，主播要注意以下 4 点。

1. 节奏感

每 10 ~ 15 分钟或在讲完一个知识点的前后，主播可以引导粉丝加一波关注并刷人气票。在这里主播可以花 1 ~ 2 分钟解释这些动作有什么意义和价值，体现主播的真诚，降低粉丝反感度，具体操作如下。

（1）为什么要加关注，进了粉丝团粉丝能有什么收获？此时主播可以解释因问题太多，将会优先回答带有粉丝团标签用户的问题；存在不加关注、不进粉丝团将看不到主播直播推荐的情况，会错过主播分享的知识点。在这里，主播可以拿之前讲过的已在板块市场得到验证的内容作为背书，让老粉丝刷一波弹幕，增强互动效果。

（2）为什么要刷人气票？为了迎合平台算法的推荐机制，主播期望能把好的内容分享给更多的人看，带领着大家一起改变思路，提高思考维度，为这个平台提供健康向上的内容生态。在这里特别提示，人气票也是分时段的，刷人气票的时间最好卡在整点的前后10分钟。

（3）"若粉丝们觉得老师刚刚分析得有道理，逻辑论点论证充分，可以点关注、点赞（加一下粉丝团/刷一波人气票），接下来，我再为大家分析某个行业板块和某个投资逻辑。"此类话术旨在用干货吸引粉丝，提升用户停留时长。

2. 清晰感

引导话术需具体，主播应完整地指导粉丝进行加关注、刷人气票等动作。具体话术如下。

- 大家点一点左上角的头像关注我，我会持续向大家分享我的经验以及一些干货。
- 大家可以点击左上角的爱心加入粉丝团，这样在下次直播时你就会收到主播直播的通知。
- 点左上角人气榜、加入粉丝团的朋友们可以送出免费人气。
- 咱们粉丝团的同学们，冲一下整点的小时榜和人气榜，没有加粉丝团的同学们也麻烦各位花1抖币加入粉丝团，点点人气，方便更多同学进来学习。

3. 表述有逻辑

表述有逻辑一方面是指主播整场直播的流程有逻辑，另一方面是指其针对单个投资建议的解答表述有逻辑。

（1）整场流程可以为宏观解读→板块分析→技术分享举例。板块分析不是根据评论互动进行点评，而是分析提前准备好资料的板块。根据投资体系，板块可以被分为短期热点板块、符合上涨逻辑的板块等。

（2）表述方面，一个论点应被一次性讲完、讲透，且论据充分、论证有理。

4. 价值感

主播应多维度强调课程或直播内容的价值，如跟着老师一起学习能有哪些收获。

（1）主播可以和老粉丝回顾以往的业绩，并引导粉丝参与互动。

（2）主播可以分享投资逻辑、操作心得，并且用这套逻辑分析热点板块。例如某行业为什么有机会，为什么不建议大家跟投等。

经整理，笔者总结了一些常见的直播间禁用话术，供读者参考。

- 禁止承诺收益、保本收益等。
- 禁止提示买卖点、对行情进行预测等。
- 禁止诱导开户。
- 禁止进行线下导流。
- 尽量不要提上市公司名字及股票代码。
- 无新闻资质不解读政策动向资讯性内容。
- 不提政治方面内容和国家领导人的名字。
- 可以适当用简称来命名板块，如将白酒称为白水、券商称为券券等，或者用这个板块的字母缩写来代替名称。
- 不要对个股排序，不要出现"龙一龙二龙三""统一头部企业"等称呼。
- 不要骂人、说脏话。

- 坚决不能有"私信""加我微信"等表述。
- 不要长时间离开直播间。
- 不提新闻，可以说消息事件，但不能对其进行过度解读。
- 不能提上证、大盘，可以说指数。
- 不能唱空股市。
- 不能说买、卖。
- 不能讲收益和收益率。

直播间常用的引导话术具体如下。

- 讲完一个观点话题，可以问一下大家是否认同，认同的"扣1"。
- 多抛出问题并适当停顿，让粉丝回答。
- 讲到重点或即将说到重点时，可以说："大家认可的、想听的，动动手指一起把赞点到50万，我喝口水，马上继续为大家分享。"
- 要记住直播间前台的几个位置，比如左上角为头像，右下角为礼物打赏等，主播看到的可能是镜像位置。主播应习惯于在这几个位置进行引导与互动。互动率升高后，平台将持续推流。
- 要选择性地回答粉丝提问，擅长的、和直播主题相关的话题可以多聊，内容不相关或者敏感的话题、主题，可以忽略。
- 板块、行业等话题是粉丝最爱听的。某位财经达人在每次直播时都会回顾他的成绩（如什么时间点讲过什么板块，并说"记得的粉丝请扣1"），再点评一下有潜力的行业板块。总而言之，他的方法是回顾之前说得对的方面，并自然地将话题过渡到下一阶段。
- 讲到确定性比较高的内容，主播可以讲得斩钉截铁、观点鲜明。但是注意不要用具有绝对性的词语，防止被黑粉举报、引入人工监管。
- 后期可以送福利、送福袋。例如当点赞数量达到50万、70万，主播可以在粉丝群里抽奖送书、送课程等。

挑粉丝时也有几个小技巧。
- 要挑有一定专业度的、后期可以回顾这一预判准不准确的问题去回答。
- 挑选那些能增强粉丝间互动的问题，拉动直播间的互动人气。
- 挑选可以引起粉丝刷礼物、加人气的问题。
- 避免冷门、无异议、敏感度高的问题。

场控可以在互动问答时设置置顶或飘屏，引导粉丝咨询问题、控制直播节奏。直播中可以设置多重抽奖及福利发放，引导用户分享直播以增加人气。福利内容一般为福袋和红包，福袋只能由主播自己发出，主播可以设置领取条件。红包通常由直播助理和场控发放，既可以同时多发，也可以不间断地发放。这些福利及互动环节可以有效增强直播间的人气。

当直播接近尾声时，主播可以重复一下今天讲的重要知识点，感谢粉丝守护在直播间，与观众道别时可以加上个人标语，强化个人IP特征，并预告下期直播的时间。

三、直播后如何复盘

1. 直播复盘的维度及改进措施

通常我们会用五大价值维度来进行全方位的直播复盘（见图7-7）。

图 7-7 直播复盘的五大价值维度

① GMV：商品交易总额（Gross Merchandise Volume，GMV）。
② GPM：用于衡量直播间卖货能力，即平均每一千个观众下单的总金额。

表 7-6 介绍了直播复盘的多维归因方式及优化建议。

表 7-6 直播复盘的多维归因方式及优化建议

维度	核心指标	辅助指标	多维归因（列举）	优化锦囊（列举）
流量	观看 UV	CTR	• 直播间流量来源单一 • 广告投放效果不好	• 引流短视频 • 进行站内外预热补足流量来源 • 优化广告投放
内容	人均观看时长	关注数	• 直播间环境布置得不佳，主播话术无趣 • 互动氛围差	• 优化直播间布置和脚本 • 利用互动产品提升氛围
粉丝	涨粉率	粉丝看播率	• 粉丝看播率低，黏性小	• 优质内容结合抖音号推广涨粉，粉丝运营（社群、定向投放） • 提升粉丝看播率
品牌	品牌传播指数	产品提及率	• 营销事件影响力弱，未破圈	• 直播前加强站内外预热 • 直播后进行内容的二次传播
转化	GMV	成功支付率	• 货品卖点不突出 • 优惠力度小	• 优化选品组合和产品卖点 • 打造有竞争力的价格

2. 复盘的关键指标

复盘的关键指标有以下 6 点。

- 超 1 分钟粉丝用户停留/全部观看数，这个指标可以判断有效用户进入直播间的留存率，决定了整场直播的流量和质量。

- 每场人均观看时长，可以据此分析得出 IP 与粉丝之间的黏性，以此判断主播直播的控场能力和讲解内容的质量。

- 评论数/观看次数，主播可以通过一些方式引导用户评论、互动，回答提前设置的问题，分析整场直播粉丝的互动数据。

- 新增关注数/粉丝观看次数，通过这个数据可以很直观地看出本场直播的增粉率，通常通过直播间新增的粉丝黏性是非常高的，新增粉丝也是最有价值的一波粉丝。

- 付费人数/粉丝数，这个指标是付费粉丝转化率，付费粉丝是衡量粉丝质量的关键数据。

- 收获音浪、直播打赏是直播间中最直观的数据。IP 通过在直播间进行内容传递，为粉丝提供投资建议，使其获利，此时打赏数据也会越好，这与 IP 给粉丝传递的内容价值息息相关。

3. 复盘数据的来源

我们可以通过以下 3 个渠道获取直播的后台数据。

- 抖音创作者服务平台有手机端和 PC 端，用户直接点击直播中心便可查看相关直播数据。

- 通过第三方监测平台，如"蝉妈妈""轻抖"等，我们可以直接搜索 IP 名称，获取相关直播数据。

- 可以通过广告主账户（AD）后台获取数据，如果当场直播有带货，也有广告投放（AD 投流），那么我们可以在 AD 账户中查看直播带货的详细数据。

4. 直播复盘的基本方法

（1）本账号数据分析法。我们会通过本账号直播流量来源分析目前 IP 的粉丝来源，进行优化，也可以此判断该账号正处于哪一个发展阶段。

根据我们的实测经验，也可以通过监测粉丝占比率判断账号目前正处于何种阶段。

- 启动阶段：粉丝占比 <10%。例如××哥财经在刚开始直播时，场均粉丝占比维持在 8% 左右。这个阶段的直播流量处于启动阶段，粉丝质量有待激活和提高，主播需多增加直播场次且输出高质量的直播内容。

- 发展阶段：粉丝占比在 10%～30%。例如某辣评账号，场均粉丝占比在 22% 左右。在这一阶段，主播需要维持直播的频率，多切入与热点相关的话题内容。

- 成熟阶段：粉丝占比在 30%～50% 之间。例如某民、某海等，粉丝忠诚度较高，场均粉丝为 37% 左右。这个阶段，我们一方面可以看出 IP 与粉丝之间的黏性特别高；另一方面，直播间的流量大部分来自关注粉丝。这就意味着通过其他渠道和平台推荐而来的流量较少，主播可以多做一些站内外宣发工作，引入外部流量，同时增加与粉丝直接互动的话题，或者在直播内容上做一定调整。

通常，我们可以通过以下 4 个步骤分析账号。

第一，分析直播流量来源。直播观众的来源通常分为以下 4 种。

- 关注粉丝：通过粉丝推荐和关注页面进入直播间。
- 同城：通过同城推荐进入直播间。
- 视频推荐：通过刷到 IP 视频推荐、他人视频引流推荐进入直播间。
- 其他方式：通过直播广场推荐、Feedlive 投放、平台外部引流等多种方式进入直播间。

第二，通过粉丝停留时长 / 观看人数的比值分析直播的留存率。在计算直播留存率时，主播往往通过第三方平台监测观众在直播间停留的时长。经过一番测试，我们发现，一般停留时长 3 分钟即为及格，5 分钟为优秀，在 7 分钟以上就属于非常优秀了。垂直度高的财经账号在这一数据上非常具有优势，如某海等账号，平均停留时长超过 10 分钟。

第三，通过打赏、评论等互动率分析直播的互动情况。互动率可以通过公屏评论人数 / 观众总数计算得出。通过实际监测，我们判断互动率在 5% 时为及格，在 10% 以上则为优秀，这一数据只能在本账号后台才可以被监测到。

第四，通过新增关注以及销售收入来分析粉丝黏性。我们通过对数据比较好的直播间每场直播的新增关注及打赏收入标准等进行数据分析，算出粉丝转化率及销售转化率，还可以通过账号关注人数或直播转粉率等估算新增关注。

（2）横纵向对比策略分析法。

第一，主播可以将某次直播与自己以往场次的直播进行对比，看核心数据变化趋势，分析爆款直播成功的原因，剖析直播表现不佳的原因，不断迭代优化。以 ×× 哥财经为例，对比查看其 2021 年 8 月 3 日与 8 月 7 日的数据，我们发现，其启动期粉丝基础稳固,在上一场平均停留时长接近优秀的前提下,又加上直播内容加持,直播间流量增长超过150%,人气骤增。由于该账号基数突然增长,平均停留时长以及变现数据都有所下滑,但这并不影响其成为一个优质的财经垂类账号(见表7-7)。

表 7-7 "××哥财经"两场直播数据对比分析一览表

项目	主要指标	辅助指标	8月3日	8月7日	变化
流量	进场人气	观看人次	8.42万	21.69万	+157%
		观众人数	6.91万	19.82万	+186%
		人气峰值	5053	1.9万	+276%
内容	观看时长	平均停留时长	4分42秒	1分28秒	−68.8%
		评论率	2.63%	0.58%	—
		转粉率	2.33%	1.16%	—
粉丝	粉丝线索	看播粉丝占比	8%	2%	—
		粉丝活跃看播率	29%	2.58%	—
变现	转化线索	粉丝团人数	5164	6986	+35%
		音浪打赏总数	2.77万	9864	−64%

资料来源:"蝉妈妈"App账号直播数据,2021年8月3日。

第二,主播可以与对标账号或抖音其他竞品的主播数据对比,查看核心数据、分析差异原因,优化自身IP并改善运营模式。"××财商"是"××哥财经"的对标账号之一,账号的IP人设、内容方向皆与××哥财经相似。我们比较两个直播间的数据后发现,粉丝的平均在线时长和粉丝互动率呈正相关,而这一数据与后续直播的启动人气也呈正相关;同时可以看出,二者账号粉丝基数差距虽然较大,直播间数据却相差不大,暂时处于成长期的"××哥财经"账号的转粉率明显更高(见表7-8)。

表7-8 "××财商"与"××哥财经"直播数据对比分析一览表

维度	主要指标	××财商7月27日	××哥财经7月27日
时长	直播时长	76分钟	144分钟
流量	观看人次	13.1万	12.1万
	人气峰值	1.5万	9700
	平均在线	1万	4165
内容	平均停留时长	6分51秒	5分6秒
	互动率	4.73%	2.19%
	转粉率	3.21%	8.39%
粉丝	粉丝量总量	3.5万	3568
	粉丝团增长量	6546	2381
变现	带货额	15.4万	—
	打赏人数	3846	3457

资料来源:"蝉妈妈"App账号直播数据,2021年7月27日。

第八章 08

金融短视频直播营销合规及内容风控

金融行业的短视频和直播创作者在合规方面要做到以下两点：其一，作为金融内容营销人员，作品中涉及身份资质和产品的部分及其对应的发声场景应符合"一行两会"的监管要求；其二，作为内容创作者，所发表的言论或者使用的素材应符合平台要求。

在这里，我们分两个小节来分别谈谈创作者应如何保障金融短视频的内容符合监管要求及平台社区规范。

第一节　金融营销内容如何符合监管要求

对监管而言，保证产品—公司—营销人员的合规，其核心目的是保护投资者权益，并且维持金融行业的持续稳定。作者查阅了历年"一行两会"和地方金融局对于金融营销的相关办法及处罚案例，总结出以下 3 个重要的监管合规层面。

一、身份资质层面

进入短视频直播时代，人人都是创作者，人人都有发声通道，实际上，短视频直播创作者也可被分为以下 4 类：一是行业从业者，持有执业资格但以个人身份来表达；二是无从业资格，但以个人身份来表达；三是机构从业者，但是不具备投资建议资格，以个人身份来表达；四是无投资建议资格，代表机构做线上营销传达投资理念和讲解产品。总的说来，在创作者方面，一共存在 3 个变量：是否从业，是否具备投资建议资格，是代表个人还是机构。

从笔者预估的趋势来看，如果在互联网上做金融营销，前台主播创作者必须是金融从业人员，通过监管及平台的双向促进，最终会形成平台—机构—产品—主播四合规的局面，即机构在某平台营销，经监管认可，渠道合规；所营销产品为该机构旗下可在该平台上营销的产品，产品合规；涉及营销内容和表达的主播为该机构从业人员，具备投资建议资格，身份合规。

从监管部门的相关动作，我们可以预见该趋势的必然性和合理性。

（1）各地证监局持续关注财经自媒体大V非法执业现象。例如，2020年12月，北京证监局网站提示，近期发现财经自媒体大V存在极高的风险，其运营主体不属于北京证监局监管对象。与此同时，不具有证券期货投资咨询或投资顾问执业资格的6家自媒体账号均已被封号处理。

（2）2021年2月，银保监会《互联网保险业务监管办法》规定，互联网保险业务应由依法设立的保险机构开展，其他机构和个人不得开展互联网保险业务，并列举了多种非保险机构打"擦边球"的情况，如提供保险产品咨询服务、代办投保手续、代收保费等。

（3）为规范金融产品网络营销活动、保障金融消费者合法权益，2021年12月31日，中国人民银行会同工信部、银保监会、证监会、网信办、外汇局、知识产权局联合起草了《金融产品网络营销管理办法（征求意见稿）》，规定通过直播、自媒体账号、互联网群组等新型网络渠道营销金融产品，营销人员应当为金融机构从业人员，并具备相关金融从业资质。

目前，各大平台对于金融类短视频或直播内容的准入标准都有各自的细则。一般性原则为，要求前台主播具有相关金融领域的从业资质[①]。这里特指内容涉及投资品、有营销倾向的财经内容创作者，商业热点、经典经济学这类泛财经内容作品的门槛并不需要被拉齐到这个层面。

---

① 从业资质证据证明包括但不限于可于证券业协会、基金业协会等官网查到的从业在职信息，同时个体所属单位需要开具在职证明等。——编者注

二、营销尺度方面

从过往监管给出的指导意见来看，金融行业的营销内容是绝对不可以信马由缰或简单对标其他品类内容进行尺度输出的。

2015 年 9 月 1 日施行的新《中华人民共和国广告法》第二十五条明确规定，招商等有投资回报预期的商品或者服务广告，不得"对未来效果、收益或者与其相关的情况做出保证性承诺，明示或者暗示保本、无风险或者保收益等"。

《中华人民共和国证券法》第九条特别规定，"非公开发行证券，不得采用广告、公开劝诱和变相公开方式"。

2021 年 3 月 3 日，中国证券投资基金业协会在《关于公募基金行业投教宣传工作的倡议》中提出应"发挥专业价值，审慎合规开展投教宣传活动。"要求"公募基金管理人在开展投教宣传活动时，应注重专业、诚信、合规，引导投资者树立正确的理财观念，坚持长期投资、价值投资和理性投资；严禁娱乐化，不得与国家相关精神、社会公序良俗相违背，各机构不得开展、参与娱乐性质的相关活动。"

《商业银行理财产品销售管理办法》对商业银行理财产品销售文本的制作及发放等相关管理进行了规范。此外，《中国人民银行金融消费者权益保护实施办法》明确规定：银行、支付机构在进行营销宣传活动时不得有虚假、欺诈、隐瞒或者引人误解的宣传等行为。

总之，金融行业的账号内容必须理性、克制，反对过度营销和娱乐化营销。

三、内容规范方面[①]

1. 机构需要建立内容审核机制

金融机构应当对网络营销宣传内容的合法合规性负责，建立内容审核机制，落实金融消费者权益保护有关要求，有关审核材料应当存档备查。口径方面，互联网平台和金融机构从业人员通过直播、自媒体账号、互联网群组等新型网络渠道宣传推介金融产品的，口径应与金融机构审核的网络营销宣传内容保持一致。

2. 内容标准

网络营销宣传内容应当与金融产品合同条款保持一致，不得有重大遗漏。网络营销宣传内容应当准确、通俗，符合社会主义精神文明建设的要求，践行社会主义核心价值观，倡导正确的投资理念和健康的消费观。

3. 禁止内容

禁止内容包括但不限于以下5项。

（1）不得编造、传播虚假信息或者误导性信息，损害竞争对手的商业信誉、商品声誉。

（2）不得明示或暗示资产管理产品保本、承诺收益、限定损失金额或比例。

（3）不得利用国务院金融管理部门的审核或备案为金融产品提供增信保证。

（4）不得利用学术机构、行业协会、专业人士的名义或者形象作推荐、证明。

（5）金融机构不得利用演艺明星的名义或形象作推荐、证明。

[①] 此部分内容参考《金融产品网络营销管理办法（征求意见稿）》。——作者注

第二节　内容创作如何符合平台社区规范

金融从业者通过内容线上展业，因此有了另外一个身份，即内容创作者。自 2021 年 8 月 27 日起，国家网信办开展清朗·商业网站平台，并对"自媒体"违规采编发布财经类信息开展专项整治，重点打击以下 8 类违规问题。

- 胡评妄议、歪曲解读财经方针政策、宏观经济数据，恶意唱空金融市场、唱衰中国经济等。
- 毫无立场、不加判断地转载搬运境外歪曲解读财经领域热点的报道评论等。
- 散布"小道消息"，以所谓"揭秘""重磅""独家爆料""知情人士称"为名进行渲染炒作，甚至造谣传谣。
- 转载合规稿源财经新闻信息时，恶意篡改、断章取义、片面曲解等"标题党"行为。
- 充当金融"黑嘴"，恶意唱空或哄抬个股价格，炒作区域楼市波动，扰乱正常市场秩序。
- 炒作负面信息对相关利益主体进行威胁恐吓、敲诈勒索，谋取非法利益。
- 炒作社会恶性事件、负面极端事件，煽动悲情、焦虑、恐慌等情绪，借以推销所谓"财商课"、各类保险产品等。

- 未严格履行身份认证程序，冒用滥用财经主管部门工作人员或专家学者等名义开办财经专栏、账号等。

2021年12月15日，中国互联网视听协会发布《网络短视频内容审核标准细则》，建议短视频创作者找到相关文件并下载学习，将内容烂熟于心。笔者在这里特别强调8点不得出现的内容，请金融类创作者予以高度重视。

一是"宣扬流量至上、奢靡享乐、炫富拜金等不良价值观，展示违背伦理道德的糜烂生活的。"例如，用展示豪车、名表、豪宅、铺张浪费生活体现自己的财富实力和投资能力。

二是"贬损、恶搞他国国家领导人，可能引发国际纠纷或造成不良国际影响的。"例如，在讲述他国经济环境之时明显带有拉踩情绪，甚至使用了丑化他国领导人形象的素材和元素。

三是"将政治内容、经典文化、严肃历史文化进行过度娱乐化展示解读，消解主流价值，对主流价值观'低级红、高级黑'的。"创作者应注意，勿把坊间段子当成短视频素材进行二次创作及发布）。

四是"引诱教唆公众参与虚拟货币'挖矿'、交易、炒作的。"创作者应注意，比特币等非法货币及其投资价值等内容不宜被在公开平台上讨论。

五是"在节目中植入非法、违规产品和服务信息，弄虚作假误导群众的。"创作者应注意，不要引用及讨论类似P2P、六合彩等非法产品和服务的元素要素。

六是"炒作社会热点，激化社会矛盾，影响公共秩序与公共安全的。"

七是"传播非省级以上新闻单位发布的灾难事故信息的。"

八是"非新闻单位制作的关于灾难事故、公共事件的影响及后果的节目。"

值得注意的是，短视频和直播创作者提供的是视听一体的内容，故其呈现的语言、音乐、文字、图片、视频、商品都是内容的一部分，所有元素都需要统一在平台内容社区规范的要求下展示发布，因此创作者不可仅审查文案，不注意音视频素材。

在文章的最后，笔者建议大家在日常生活中多多注意、多多学习，提升自己的媒体素养，做一名高产、高优、合规的内容创作者。以下4个渠道可供创作者多阅读、多学习。

多读多看重要的讲话、中央文件、人民日报社论及评论员文章、《求是》杂志和求是网文章、《学习时报》、央视新闻节目等，重点关注权威媒体是怎么评、怎么说的，不要咀嚼二手信息，更不要道听途说。

持续关注监管部门（如"一行两会"、网信办）及相关协会出台的政策、管理办法、规定等，持续关注内容和营销方面的提法及约束条款。

熟读各个短视频直播平台的社区安全规范，重点关注平台官方账号[①]发布的关于账号内容规范和社区违规行为警示等方面的内容。

学会使用搜索引擎进行高级搜索及关键词设置。搜索时，变换、组合关键词；调整限制条件，可以帮助大家获取更精确的信息，节省去除网络杂音的时间和精力。

---

① 部分平台有专门的社区安全规则官方账号，比如抖音的@抖音安全中心。——编者注

第三节　金融互联网展业和内容营销政策及处罚案例汇编

为更好服务金融行业新媒体内容生态建设，笔者查询整理了 2020～2022 年"一行两会"及地方金融监管部门披露的公开监管处罚案例，梳理金融互联网展业、内容营销主要处罚案例（见表 8-1），并对金融互联网展业、内容营销政策相关法律法规、通知办法要点进行了汇编（见表 8-2），希望各位内容创作者加强学习，共同打造双效合一精品。

表 8-1　2020—2022 年金融互联网展业、内容营销政策处罚案例汇编

序号	时间	事由	处罚	解读
1	2022年1月	经监管部门调查，深圳两家证券公司在从事证券投资咨询业务过程中，存在以下问题： 1. 适当性管理不到位。投资者适当性测评、审核环节及签约环节均位于付款环节之后 2. 自媒体管控不够，措施不足 （1）公司部分营销自媒体账号存在未注明投顾人员姓名和资格编号，免责条款不完备的情况 （2）未在中国证券业协会登记为证券投资顾问的公司员工，在其工作使用的企业微信中标记自己为投资顾问 （3）对于企业微信中的语音电话沟通未进行有效监控 （4）自媒体账号的直播内容缺乏事中管控 （5）未就微信公众号下方留言内容进行审慎管理 3. 业务推广和服务不合规 （1）个别营销人员存在营销过程中关注客户关注个股的情况 （2）个别营销人员在营销过程中存在"建仓"等具有一定误导性的表述 （3）未就对外发布的营销素材建立可留痕的合规审核机制 （4）部分月度策略报告以及诊股报告未经合规部门审核 （5）未按公司规定及时对客户进行电话回访	深圳证监局发布两张处罚决定，对两家投资者咨询公司采取责令改正的行政监管措施 监管部门认为，上述行为违反了《证券期货投资者适当性管理办法》第三条，《证券投资顾问业务暂行规定》第八条、第九条、第十四条、第二十一条、第二十四条、第二十八条的规定	处罚明确了"关注""建仓"等字眼为违规推荐股和误导性表述，这在此前的处罚中是未曾出现的。这反映了个别人员玩文字游戏的侥幸心理已经被监管部门知悉，有关部门正在随着自媒体的发展与时俱进

213

（续表）

序号	时间	事由	处罚	解读
2	2021年12月	2021年10月，一篇名为《天干地支在择时中的应用初探》的PPT文件突然在网络上火了起来，研究员称，万事万物都有阴阳五行，股市像水一样流动，涨跌起伏，因此应该属水。研究员还应用天干地支分析一股流月走势。研究员最后观点，本报告基于全部A股历史统计与量化模型指出，存在历史规律与量化模型失效的风险	江西证监局针对"风水"研报事件发布处罚决定，对当事人刘某某采取行政监管措施。监管认为存在以下三个问题。其一，《天干地支择时中的应用初探》PPT文件，实质构成研究报告，未按法规要求制作、审核、发布、私下外传，导致该研究报告被媒体广泛转载，未经S证券审核，将研究报告提供给特定第三方，未公平对待发布对象。其三，利用天干地支纪历分析股票市场走势，研究方法不专业审慎，研究结论不客观科学。监管部门认为，上述行为违反了《发布证券研究报告暂行规定》第八条、第九条、第十条和第十一条相关规定	监管部门对于证券的研究报告有三个层面的要求：首先，信息来源要精确；其次，研究过程要严谨；最后，研报表述要客观。研究人员，投顾眼球，吸流量，做哗众取宠或者不负责任的内容，形成实际传播事实。2021年10月15日，中国证券业协会发布《证券公司声誉风险管理指引》，要求证券公司应建立声誉风险管理制度和机制，主动有效地识别、评估、控制、监测、应对和报告声誉风险，最大限度地防范和减少声誉事件对公司及利益相关方、行业声誉和造成的损失和负面影响
3	2021年10月	因内容预测了宁德时代2060年的营业收入，三名研究员王某祺、周某宏、唐某霖署名的国信证券研报《宁德时代系列之二——储能篇：第二"增长曲线"的终局探讨》一文迅速出圈	监管部门对此三人采取出具警示函的监管措施，认为三人撰写的研报对宁德时代储能业务中2060年营收中枢部分的预测，存在部分假设不够审慎、分析逻辑不够严谨等问题	

（续表）

序号	时间	事由	处罚	解读
4	2021年11月	王某辉在三家公司任职期间，均具有证券投资咨询业务资格，但三家公司均未授权其在福建某在线公司开展证券、期货投资咨询业务。2010年8月至2016年9月，当事人担任福建某线公司网站圈主期间，并通过发帖等向圈子成员提供包括具体股票预测、行业研究分析等在内的付费证券投资咨询服务。当事人担任圈主期间，发布的后任职的三家公司相关帖子未注明个人真实姓名和先后任职的三家公司名称，也未对有关投资风险做出提示、说明	福建证监局发布年度第五号行政处罚决定书，对投资咨询行为进行行政处罚。认为：当事人王某辉的行为违反了《证券、期货投资咨询管理暂行办法》第二十二条的规定，依法对其给予警告，没收违法所得22 757元，并处以罚款2万元	违规开展投顾业务已成为监管处罚的重点 从违规事由上看，主要表现为两种形式：①无证开展投顾业务；②投顾展业不规范，比如承诺收益、公开荐股、在机构未授权的领域开展投资咨询业务等
5	2021年11月	某投资顾问机构在微信营销当中提供、传播虚假信息。如向投资者发送含有"自上线以来还没有一只股票亏损""投顾带客户去年平均年化收益率是153%"等虚假内容的信息，在微信聊天中向投资者发送含有承诺投资收益、部分员工通过承诺投资收益内容的信息，如"一个周期下来肯定能翻你之前亏损的钱赚回来""我们的这一产品保收益""大概持有产品一个半月到两个月便能赚本金的50%左右""我们承诺，不光是百分之百有收益，还有重要的是，如果不是百分百的准确，如果没有收益，直接退款"等	证监会决定，鉴于该公司有提供、传播虚假信息或误导投资者的信息，向投资人承诺收益，未按照规定提出业务场所变更报告，办理变更手续等行为，责令其改正，并对其处以30万元罚款	微信、短视频私信、粉丝群等领域都需要做到全面合规，具体可参考以下几条做法 1. 要求从业人员自己要具有较强的合规意识，准确把握尺度和分寸 2. 机构，尤其是分支机构要加强对微信群的管理，针对用于展业范围内、日常监控范围内，处理并纠正微信中的不当行为 3. 个人处于互联网群组或环境内时，不可对不合格的投资者开展证券投资顾问服务
6	2020年5月	江苏某营业部员工在未与客户签署投资顾问服务协议和风险揭示书的情况下，通过微信群提供证券投资顾问服务	江苏证监局对辖区某证券营业部采取责令改正的行政监管措施	
7	2020年4月	黑龙江某证券营业部员工通过微信向客户介绍集合资金信托计划时，存在"该产品兑付没有问题，唯一的风险就是提前结束的话也会按照年化利率8%的标准计息并兑付"等不当表述	黑龙江证监局对辖区某证券营业部采取责令改正的行政监管措施	

（续表）

序号	时间	事由	处罚	解读
8	2021年9月	安徽证监局宣布处罚某证券公司，称其存在六大问题，涉及营销政策的有以下几个问题。 1. 互联网媒介管理存在漏洞，公众号、微信群等管理不到位，发布信息未经合规审核。 2. 违规展业和违规考核，对合规管理、风险监控、合规岗位等非营销监控、信息技术、综合等岗位从事营销、客户账户等业务活动，领取岗位绩效提成。 3. 有一些工作人员无证展业，个别从事代销金融产品的人员未取得相关从业资格。	安徽证监局发布处罚决定，对该证券公司采取出具警示函的监管措施	证券公司应制定有关社交平台和互联网群组使用的相关制度和管理机制，凡属于工作用的平台，如公众号、抖音号等社交平台，都由机构主体或者机构出面申请和注册；使用前需报公司批准，使用后报公司备案。 1. 指定专人负责平台的信息发布，日常维护和管理等运营工作。 2. 信息发布方面，建议进行留痕记录。 3. 内容文本和素材全部合规。这是最为核心的一点，建议证券公司统一制定标准，确定哪些内容是可以直接发布的，哪些内容是严禁发布的。 4. 管理好互联网群组，接入技术能力做到可留存、可追溯、可控制、有实时预警。

（续表）

序号	时间	事由	处罚	解读
9	2021年11月	北京某投资咨询机构公司部分员工长期以公司名义在某第三方网络直播间开展网络业务直播，该公司对此未进行合规管理	监管部门认为，上述行为违反了《证券投资顾问业务暂行规定》的第三条和第九条。依监管措施。同时，要求该公司立即开展全面整改工作，切实提高公司合规管理水平，在规定时间内完成整改并提交书面整改报告	金融机构在员工使用自媒体展业方面，要出台具体的制度、措施和手段。对于新媒体账号、互联网群组、短视频平台要做好梳理，存在必要的就及时合并，确无留存的就主动和注销，有必要留存的就主动向所在公司报备
10	2021年8月	当事人北京某投资管理有限公司基金经理李某东在任职期间存在以下行为： 1. 在安排非公司员工接待投资者情况 2. 通过微信公众号等方式向不特定对象进行宣传 3. 向投资者承诺投资本金不受损失或承诺最低收益	北京证监局认为，上述行为违反了《私募投资基金监督管理暂行办法》第四条和第十四条和第十五条规定，发布处罚决定，对李某东采取出具警示函的行政监管措施	1. 大V导流，从第三方购买流量和客户的行为是不合适的 2. 如果利用新媒体平台进行内容发布，需明示从营销人员已具备从业资格 3. 雪球等产品，私募基金等受到空前关注，有些产品本身只面向特定的对象，如果从业者在一些社交平台上任意宣传或者推广，销售这些产品，就会触碰法规红线
11	2021年4月	某证券业协会注册登记为证券投资顾问的人员秦某红在未在中国证券业协会青岛分公司2020年6—11月通过新浪微博、小红书App等公众媒体发布买卖具体证券的投资建议	重庆证监局对秦某红采取出具警示函的行政监管措施	证券行业不当使用社交平台的高发领域是投顾业务领域，在提供投资建议这个方面尤甚
12	2021年3月	某证券公司青岛分公司及其负责人韩某君违规通过第三方公众号从事客户营销活动；时任负责人及员工在不具备证券投资顾问资格的情况下，通过微信群向客户提供的服务	青岛证监局对某证券公司青岛分公司及其负责人韩某君采取责令改正的行政监管措施	
13	2020年5月	江苏省某营业部某员工在未与客户签订投资顾问服务协议和风险揭示书的情况下，通过微信群提供证券投资顾问服务	江苏证监局采取责令改正的行政监管措施	

（续表）

序号	时间	事由	处罚	解读
14	2021年8月	国家网信办会同多部门，督促指导主要商业网站平台动清朗·商业平台和"自媒体"违规采编发布财经类信息专项整治，并计划于2021年10月26日后，视情况开展下一阶段专项整治；微信官方公众号"微信派"发布公告，将开展财经类自媒体账号公示规范财经类自媒体账号；微博管理员发布公告，将开展财经类违规内容专项整治行动，重点打击8类违规问题；抖音安全中心发布《抖音关于开展财经内容专项整治的公告》；快手则开展"自媒体"违规采编发布财经类信息专项整治行动	微信、微博、抖音、快手、B站等开始整治在其平台发布金融信息的违规行为；2021年9月1日，新浪微博公示第一批违规账号，共处置包括"@股社区"在内的52个账号。其中，百万以上粉丝量账号2个，粉丝量在10万～100万的账号25个，粉丝量在1万～10万的账号20个。9月2日，新浪微博公示第二批违规账号，共处置了10 106个账号。禁言3个月至永久的头部账号7个，违规昵称10 076个；9月2日，B站发布官方消息称，B站开展财经自媒体违规内容专项整治行动。当日公示第一批违规账号，对97个账号进行永久封禁。本次专项整治中，B站严厉打击违规内容，对违规账号从严处理	专项整治重点聚焦4类网上传播主体：财经类"自媒体"账号，主要公众账号平台和主要商业网站平台财经版块和主要财经资讯平台，并重点打击8类信息网上乱象，有效遏制财经类信息网上违规问题，为推动财经社会持续健康发展营造良好网外舆论环境
15	2020年11月	财经自媒体大V非法投顾，存在极高风险	《北京辖区不具备证券期货业务资质机构名单（第六批）》中点名微博博主4名，今日头条、抖音博主各1名	主要针对存在无证展业、提供非法投顾服务的自媒体大V

表 8-2 金融互联网展业、内容营销政策相关法律法规、通知办法要点汇编

序号	条文名称	发布时间	发文单位	重点关注
1	《关于公募基金行业投教宣传工作的倡议》	2021年3月	中国证券投资基金业协会	公募基金管理人开展投教宣传活动时，应注重专业、合规，引导投资者树立正确的理财观念，坚持长期投资、价值投资和理性投资；严禁投资娱乐化，不得与国家相关政策、诚信、社会公序良俗相违背，各机构不得开展、参与娱乐性质的相关活动
2	《网络交易监督管理办法》	2021年3月	国家市场监督管理总局	• 网络交易经营者不得实施混淆行为，引人误认为是他人商品、服务或者与他人存在特定联系 • 网络交易经营者不得编造、传播虚假信息或者误导性信息，损害竞争对手的商业信誉、商品声誉 • 通过网络社交、网络直播等网络服务开展网络交易活动的网络交易经营者，应当以显著方式展示商品或者服务及其实际经营主体，或者上述信息的链接标识
3	《互联网用户公众账号信息服务管理规定》修订版	2021年1月	中华人民共和国国家互联网信息办公室（以下简称国家网信办）	• 公众账号信息服务平台应当对申请注册从事经济领域信息内容生产的公众账号，应当要求用户在注册时提供其专业背景、职业资格或者服务资质等相关材料，以及依照法律、行政法规的职业资格等相关材料，行政许可必要核验 • 公众账号生产运营者应当履行内容导向性、真实性、合法性把关，建立健全内容和账号安全审核机制，加强内容导向性、真实性，以优质内容吸引公众关注订阅账号，煽动极端情绪，不得从事恶意注册账号、编造虚假信息、实施网络暴力，进行敲诈勒索、买卖交易账号等违法违规行为，维护账号内容安全和清朗网络空间
4	《非银行支付机构条例（征求意见稿）》	2021年1月	中国人民银行	强化支付领域监管，个人征信业务必须持牌经营，严禁金融产品过度营销，诱导过度负债，严肃查处侵害金融消费者合法权益的违法违规行为

(续表)

序号	条文名称	发布时间	发文单位	重点关注
5	《关于防范金融直播营销有关风险的提示》	2020年10月	中国银行保险监督管理委员会	（一）金融直播营销主体混乱，或隐藏诈骗风险 一是无资质主体"鱼目混珠"。由于直播平台开设账号基本无门槛限制，一些无资质主体擅自开展金融产品直播营销，涉嫌非法或超范围开展金融营销传播活动，甚至有所谓的"科技公司""咨询公司"以投资虚拟货币、外汇、网络理财为名进行诈骗。还有直播平台为吸引用户，承诺在平台充值后有高额收益并可随时提现，存在异化为非法集资的风险 二是直播平台信息设置混乱。有的直播平台信息设置混乱，没有清晰展示分期、借贷等金融产品实际提供者，平台用户可能被营销氛围带动，在主体不清、风险不明的情况下冲动消费 三是非专业人士误导或欺骗。有些并不具备专业素养的人士自我包装为"理财专家""保险专家"，对金融知识薄弱、风险防范能力差的用户易受误导或欺骗，加之直播平台受众广泛，金融知识薄弱、风险防范能力差的用户易受误导或欺骗 （二）直播营销行为存在销售误导风险 一是虚假或夸大宣传。有的直播营销为博眼球，对借贷产品、保险产品、理财产品等搞夸大宣传。如"最快×分钟放款""最长免息××天""免息""首月仅需几元，最高几百万保障"限时限量"等，但实际上多数消费者难以符合广告宣称的免息条件、放贷条件或实际销售范围，抑或是"免息不免费"，隐含保费逐月递增等 二是偷换概念，简单比价，易引发消费者误解。有的直播营销广告以万元借款需支付的日利息来强调息费低，易致消费者对借贷成本产生错误认识，但实际的综合年化利率水平相当。有的仅对保险产品价格进行简单比较，却不详细介绍保险责任，故意隐瞒除外责任、分红收益不确定等重要信息，甚至曲解保险产品条款，宣称"什么都保"，容易引发消费者误解

（续表）

序号	条文名称	发布时间	发文单位	重点关注
5	《关于防范金融直播营销有关风险的提示》	2020年10月	中国银行保险监督管理委员会	三是信息披露、风险告知提示不到位。有的直播营销行为未能向观众充分提示金融产品存在的风险、免责条款等，或者没有用引起消费者注意的方式对知悉风险的情况下被带动、购买了不适当的金融产品或服务 引导消费者私信联络并完成线下保险销售的，应符合所属渠道类型及相关保险产品销售的监管要求；不得违反规定以打折、红包、抽奖等形式变相给予保险合同约定以外的利益
6	《互联网保险业务监管办法》	2020年12月	中国银行保险监督管理委员会	保险机构应加强互联网保险营销宣传管理 （一）保险机构应建立互联网保险营销宣传从业人员的资质、培训、内容审核和行为管理制度 （二）保险机构应从严、精细管控所属互联网保险营销从业人员宣传活动，提高从业人员的诚信营销宣传专业水平。保险机构应对从业人员发布的互联网保险营销宣传内容进行监测检查，发现问题及时处置 （三）保险销售宣传。从业人员发布的互联网保险营销宣传内容，应由所属保险机构统一制作，并在显著位置标明所属保险机构全称及个人姓名、执业证编号等信息 （四）开展互联网保险宣传活动应遵循清晰准确、通俗易懂，符合社会公序良俗的原则，不得进行不实陈述或误导性描述，不得与其他非保险收益承诺或保险合同条款保持一致，不得片面夸大宣传，不得违规承诺与保险合同条款相混淆，不得片面或简单排名，不得对保险产品价格和简单排名，不得对保险产品和服务片面比较保险产品价格和简单排名，不得对保险产品和服务片面夸大宣传 （五）互联网保险营销宣传内容不得使用或变相使用监管机构及其工作人员的名义或形象进行商业宣传，不得误导性解读监管政策

（续表）

序号	条文名称	发布时间	发文单位	重点关注
7	《网络直播营销行为规范》第二十条	2020年7月	中国广告协会	· 主播应当了解与网络直播营销相关的基本知识，掌握一定的专业技能，树立法律意识 · 主播人驻网络直播营销平台，应提供真实有效的个人身份、联系方式等信息，信息若有变动，应及时更新并告知。 · 主播不得违反法律、法规和国家有关规定，将其注册账号转让或出借给他人使用
8	《中华人民共和国证券法》第二次修订	2019年12月	全国人民代表大会常务委员会	· 非公开发行证券不得采用广告、公开劝诱和变相公开方式 · 禁止任何单位和个人编造、传播虚假信息或者误导性信息，扰乱证券市场。禁止证券交易场所、证券公司、证券登记结算机构、证券服务机构及证券从业人员，证券业协会、证券监督管理机构及其工作人员，在证券交易活动中作出虚假陈述或者信息误导
9	《网络信息内容生态治理规定》	2019年12月	国家网信办	· 网络信息内容服务使用者和网络信息内容生产者、网络信息内容服务平台不得通过人工方式或者技术手段实施流量造假、流量劫持以及虚假注册账号、非法交易账号、操纵用户账号等行为，破坏网络生态秩序 · 网络信息内容生产者不得制作、复制、发布含有"危害国家安全、泄露国家秘密、颠覆国家政权、破坏国家统一"和"损害国家荣誉和利益"等内容的违法信息，应当采取措施，防范和抵制制作、复制、发布含有"使用夸张标题，内容与标题严重不符的"和"炒作绯闻、丑闻、劣迹等的"内容的不良信息

（续表）

序号	条文名称	发布时间	发文单位	重点关注
10	《关于进一步规范金融营销宣传行为的通知》	2019年12月	中国人民银行、中国银行保险监督管理委员会、中国证券监督管理委员会、国家外汇管理局	• 不得非法或超范围开展金融营销宣传活动。金融产品或金融服务经营者进行金融营销宣传，应当具有能够证明合法经营资质的材料，以便相关金融消费者或合作方等进行查验。证明材料包括但不限于经营许可证、备案文件、行业自律组织资格与金融产品或金融服务相关的身份证明信息。金融产品或金融服务经营者应当确保金融营销宣传在形式和实质上未超出上述证明材料载明的业务许可范围 • 不得以欺诈或引人误解的方式对金融产品或金融服务进行营销宣传。金融营销宣传不得引用不真实、不准确的数据和资料；不得对资产管理产品未来效果、收益或保本情况作出保证性承诺；不得使用偷换概念、不当类比、隐去假设等不当营销宣传手段 • 不得以损害公平竞争的方式开展金融营销宣传活动。金融营销宣传不得以损害竞争对手、散布虚假事实等方式进行恶意竞争对手，损害同业信誉；不得通过不当评比、不当排序等方式进行恶意竞争对手，损害同业信誉；不得冒用、擅自使用他人相同或近似的名称、字号、宣传册页 • 不得利用政府公信力进行金融营销宣传。金融营销宣传不得利用国务院金融管理部门或地方金融监管部门对该金融产品或金融服务提供保证，误导金融消费者认为国务院金融管理部门或地方金融监管部门对该金融服务提供保证；不得对该金融服务相关信息的查询、审核或备案的金融监管部门审核程序、误导金融消费者认为该金融服务相关信息的查询、审核或备案的金融监管部门或地方金融监管部门预先宣传或促销。相关法律、法规、规章另有规定的，从其规定

（续表）

序号	条文名称	发布时间	发文单位	重点关注
11	《微博客信息服务管理规定》	2018年2月	国家网信办	• 微博客服务提供者应当对申请注册账号的微博客服务使用者进行认证信息审核，并按照属地向国家或省、自治区、直辖市互联网信息办公室分类备案。微博客服务使用者提供的证明材料与认证信息不相符的，微博客服务提供者不得为其提供信息发布服务
12	《互联网群组信息服务管理规定》	2017年9月	国家网信办	• 互联网群组建立者、管理者应当履行群组管理责任，依据法律法规、用户协议和平台公约，规范群组网络行为和信息发布，构建文明有序的网络群体空间
13	《互联网新闻信息服务管理规定》修订版	2017年5月	国家网信办	• 通过互联网站、应用程序、论坛、博客、微博客、公众账号、即时通信工具、网络直播等形式向社会公众提供互联网新闻信息服务的，应当取得互联网新闻信息服务许可，禁止未经许可或超越许可范围开展互联网新闻信息服务活动
14	《互联网直播服务管理规定》	2016年11月	国家网信办	• 互联网直播服务提供者以及互联网直播服务使用者不得利用互联网直播服务从事危害国家安全、破坏社会稳定、扰乱社会秩序、侵犯他人合法权益、传播淫秽色情等法律法规禁止的活动，不得利用互联网直播服务制作、复制、发布、传播法律法规禁止的信息内容 • 实时管理，配备相应管理人员 • 互联网直播发布者自觉维护直播活动秩序 • 互联网直播服务提供者在进行直播时，应当按照"后台实名、前台自愿"的原则，对互联网直播服务用户进行基于移动电话号码等方式的真实身份信息认证，对互联网直播发布者进行基于身份证件、营业执照、组织机构代码证等的认证登记。互联网直播服务提供者应当对互联网直播发布者的真实身份信息进行审核，向所在地省、自治区、直辖市互联网信息办公室分类备案，并在相关执法部门依法查询时予以提供

（续表）

序号	条文名称	发布时间	发文单位	重点关注
15	《中华人民共和国广告法》	2015年4月	全国人民代表大会常务委员会	• 招商等有投资回报预期的商品或者服务广告，不得"对未来效果、收益或者与其相关的情况作出保证性承诺，明示或者暗示保本、无风险或者保收益等"
16	《中华人民共和国保险法》第三次修订	2015年4月	全国人民代表大会常务委员会	• 保险公司及其工作人员在保险业务活动中不得有"以捏造、散布虚假事实，损害竞争对手的商业信誉"等行为
17	《互联网视听节目服务管理规定》	2007年12月	国家广播电影电视总局、中华人民共和国信息产业部	• 互联网视听节目服务单位提供的、网络运营单位接入的视听节目应当符合法律、行政法规、部门规章的规定。已播出的视听节目视频至少完整保留60日 • 视听节目不得含有以下内容：（一）反对宪法确定的基本原则的；（二）危害国家统一、主权和领土完整的；（三）泄露国家秘密，危害国家安全或者损害国家荣誉和利益的；（四）煽动民族仇恨、民族歧视，破坏民族团结，或者侵害民族风俗、习惯的；（五）宣扬邪教、迷信的；（六）扰乱社会秩序，破坏社会稳定的；（七）诱导未成年人违法犯罪和渲染暴力、色情、赌博、恐怖活动的；（八）侮辱或者诽谤他人，侵害公民个人隐私等他人合法权益的；（九）危害社会公德，损害民族优秀文化传统的；（十）有关法律、行政法规和国家规定禁止的其他内容
18	《中国互联网行业自律公约》	2002年3月	中国互联网协会	• 不制作、发布或传播危害国家安全、危害社会稳定、违反法律法规以及迷信、淫秽等有害信息，依法对用户在本网站上发布的信息进行监督，及时清除有害信息 • 不链接含有有害信息的网站，确保网络信息内容的合法、健康 • 制作、发布或传播网络信息，要遵守有关保护知识产权的法律、法规 • 引导广大用户文明使用网络，增强网络道德意识，自觉抵制有害信息的传播

参考文献

[1] 王欣. 互联网背景下基金公司的营销研究 [D]．武汉：武汉大学图书馆，2018（3）.

[2] 许闲. 保险直播带货的现状与未来 [J]．上海保险，2020（08）：9-11.

[3] 周婉晴，罗固，池嘉曼，林俊君，邓利莎，王悦冰. 直播在保险营销中的应用研究 [J]．上海保险，2020（10）：52-57.

[4] 牛佳. 互联网金融模式下的保险营销 [J]．中外企业家，2020（15）：84-85.

[5] 陈辉. 保险适合"直播带货"吗？[J]．理财，2020（08）：56-57.

[6] 徐明. 互联网金融产品的发展趋势及创新 [J]．全国流通经济，2020（31）：163-165.

[7] 吴晓求. 互联网金融的生存逻辑和监管预测 [J]．金融世界，2014（09）：71-72.

[8] 吴海清. 视频直播卖保险的风险与监管 [N]．中国银行保险报，2020-8-14.

[9] 曲哲涵. 短视频卖保险该不该信 [N]．人民日报，2019-6-24.

[10] 杨佳. 大数据时代下金融营销宣传行为监管政策研究 [J]．金融科技时代，2021，29（05）：81-85.

[11] 中国人民银行金融消费权益保护局课题组. 大型互联网平台消费者金融信息保护问题研究 [J]．中国银行业，2021（03）：79-82.

[12] 风笑天. 社会学研究方法 [M]．北京：中国人民大学出版社，2004.

[13] 郭玉锦，王欢. 网络社会学 [M]．北京：中国人民大学出版社，2005.